# Inhalt

## *Einleitung*

Geleitwort . . . . . 3

»Für Geist und Herz die schönste Nahrung« . . . . . 4

1000 Jahre Kirchengeschichte in der Sächsischen Schweiz (Karlheinz Blaschke) . . . . . 6

## *Beschreibungen*

Kirchen in der Sächsischen Schweiz . . . . . 14

Kirchen in der Umgebung der Region . . . . . 64

Kirchen in der Böhmischen Schweiz/im Kreis Děčín . . . . . 68

## *Anhang*

Kleine Stilkunde . . . . . 76

Kleines Begriffslexikon . . . . . 82

Personenverzeichnis . . . . . 84

Ortsregister . . . . . 86

Literaturhinweise, Fotonachweis . . . . . 88

Übersichtskarte . . . . . 90

**Hinweis**

Die Darstellung der Kirchen ab Seite 14 erfolgt nach folgendem Ordnungsprinzip:

- ausgewählte Höhepunkte (Beschreibungen auf je einer Doppelseite)
  **Seiten 14–25**

- eine Rundreise von Bad Schandau über Pirna bis Saupsdorf (Beschreibungen auf je einer Seite)
  **Seiten 26–55**

- weitere interessante Objekte (Beschreibungen einspaltig, zuerst rechts-, dann linkselbisch gelegene Kirchen)
  **Seiten 56–63**

*Pirna, Klosterkirche St. Heinrich,*
*Altarensemble (Friedrich Press)*

# Geleitwort

Herzlich willkommen in den Gemeinden und Kirchen der Sächsischen Schweiz!

Durch die gute inhaltliche und wirtschaftliche Zusammenarbeit zwischen evangelisch-lutherischer und römisch-katholischer Kirche und dem Tourismusverband Sächsische Schweiz ist es gelungen, eine zweite, erweiterte Auflage des Kirchenführers durch die Sächsisch-Böhmische Schweiz herauszugeben. Diese Broschüre informiert Sie über die reichen, Jahrhunderte alten Traditionen christlichen Glaubens und sakraler Baukunst in unserer Region.

Mit der Besiedlung des Elbsandsteingebirges im 12./13. Jahrhundert durch fränkische und thüringische Bauern begann auch der Kirchenbau in den neu angelegten Dörfern und Städten. Mit Liebe, Können und Opferbereitschaft wurden Orte des Feierns und der Anbetung geschaffen, die uns bis heute begeistern können. Spätgotische Hallenkirchen mit wertvollen Altären und Kanzeln, beeindruckend ausgestaltete Dorfkirchen mit schöner Decken- und Emporenmalerei geben Zeugnis von der Kraft und Kultur, die Menschen aus dem christlichen Glauben schöpften. An ihrer häufigen Umgestaltung kann man noch heute große geschichtliche Einschnitte wie die der Reformation, des 30-jährigen Krieges oder der Freiheitskriege am Anfang des 19. Jahrhunderts erkennen. Die Kirchen profitierten dabei ebenso vom Reichtum des Silberbergbaus im Erzgebirge wie von der Blüte sächsischer Baukunst im Dresden des 18. Jahrhunderts oder dem wirtschaftlichen Aufschwung vor dem Ersten Weltkrieg.

Der Ausbau des Fremdenverkehrs sowie die Industrialisierung haben im 19. Jahrhundert die Infrastruktur unserer Region stark verändert und auch zu etlichen Neubauten und Erweiterungen von Kirchen geführt. Immer mehr Katholiken fanden in dieser Zeit und besonders nach dem Zweiten Weltkrieg hier Arbeit und Heimat, gründeten Gemeinden und bauten sich Kirchen. An und in sehr vielen Kirchengebäuden wurde besonders nach der Wiederherstellung der deutschen Einheit mit großer Hingabe repariert und saniert. Und so geben die Kirchen auch durch ihr Äußeres Zeugnis davon, dass lebendige Gemeinden ihre Gotteshäuser lieben und ehren, damit sie heute und für kommende Generationen als Stätten der Andacht, des Gotteslobes und auch der Begegnung weiter dienen können.

Mit diesem Kirchenführer durch die Sächsische Schweiz wollen wir Sie dazu anregen, auch die Kirchen dieses schönen Wandergebietes zu besuchen. Und wenn auch heute leider nur noch etwa zwanzig Prozent der hier lebenden Menschen zur Kirche gehören, so blieben die Kirchen doch Orte der Heimat für die Gute Nachricht von Jesus Christus, die in den Gottesdiensten und durch eine Fülle von Kunstwerken verkündigt wird.

Konzerte, Besichtigungen, und Turmbesteigungen geben Ihnen darüber hinaus Gelegenheit, Ihren Besuch in der Sächsischen Schweiz auch zu einem kulturellen Erlebnis werden zu lassen. Seien Sie also herzlich willkommen in unseren Kirchen und Gemeinden.

*Klaus Kaden*
*Superintendent des Evangelisch-Lutherischen Kirchenbezirkes Pirna*

*Norbert Büchner*
*Römisch-katholischer Pfarrer, Pirna*

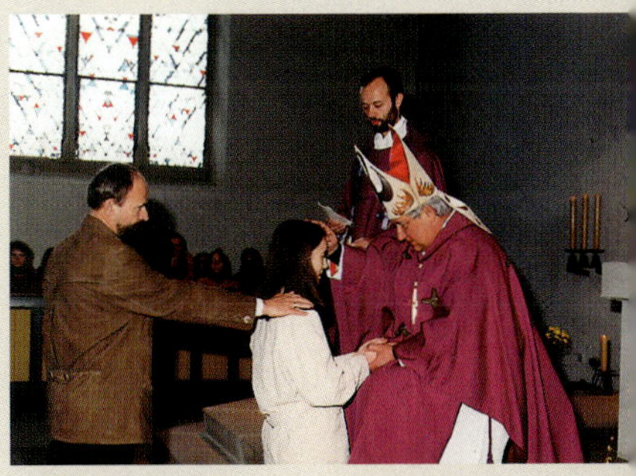

# »Für Geist und Herz die schönste Nahrung«

Die Sächsisch-Böhmische Schweiz gehört zu den schönsten Landschaften im Herzen Europas. Seit dem Ende des 18. Jahrhunderts reißt der Strom von Besuchern nicht ab, die die romantisch-bizarre Natur der Felsenwelt des Elbsandsteingebirges bewundern, hier Ruhe und Entspannung finden, aber auch überwältigende Eindrücke sammeln und zum Nachdenken über die elementaren Dinge des Lebens, das ewige Werden und Vergehen, kommen.

Maler und Pfarrer waren die Ersten, die die Nachricht von einer zauberhaften Gegend in die Welt trugen. Adrian Zingg und Anton Graff – 1766 an die kurz zuvor gegründete Malerakademie nach Dresden berufen – durchwanderten mit ihren Schülern und Freunden die Landschaft, um hier nach der Natur zu zeichnen. Sie fühlten sich an die Landschaft ihrer Heimat erinnert und gaben der Region den Namen »Sächsische Schweiz«, unter dem sie bis heute bekannt ist. Viele Künstler folgten später ihren Spuren; zu den bekanntesten gehören die Romantiker Caspar David Friedrich, Carl Gustav Carus und Ludwig Richter, deren Werke in den großen Galerien der Welt – unter anderem in Dresden – von dem außergewöhnlichen Reiz der Sandsteinwelt am Oberlauf der Elbe künden.

Der Neustädter Pfarrer Wilhelm Leberecht Götzinger, in Struppen geboren und von Kindheit an eng mit seiner Heimat verbunden, durchstreifte die Täler und erklomm die Berge der Region, spürte den Bächen und Flüsschen nach und befragte die Bewohner der Dörfer und Städte nach den Besonderheiten und Sehenswürdigkeiten in der Gegend. 1786 veröffentlichte er die erste Beschreibung der Sächsischen Schweiz für Reisende, die »Geschichte und Beschreibung des Chursächsischen Amtes Hohnstein mit Lohmen, insbesondere der unter dieses Amt gehörigen Stadt Sebnitz«, dem 1804 das Werk »Schandau und seine Umgebung oder Beschreibung der sogenannten Sächsischen Schweiz« folgte.

Enthusiastisch pries er die wunderbare Landschaft: *»Man mache sich gefaßt, … eine ununterbrochene Reihe von Natur Schönheiten und Seltenheiten zu sehn, welche an Größe, Schönheit und Umfang immer mehr zunehmen, je weiter man kommt … Das Auge wird mehrere Tage lang eine Weide haben, welche für Geist und Herz die schönste Nahrung giebt.«*

Sein Lohmener Amtsbruder Heinrich

Nicolai gab 1801 seinen »Wegweiser durch die Sächsische Schweiz« heraus, welcher in vielen Auflagen bekannt wurde. Bis heute folgten zahlreiche weitere Publikationen, in die sich nun auch die hier vorliegende einreiht. Die Herausgeber möchten mit der Vorstellung von Sakralbauten der Region dazu beitragen, eine bisher noch weniger bekannte Seite der Sächsisch-Böhmischen Schweiz ins rechte Licht zu rücken und zu zeigen, dass nicht nur die einmalige Naturlandschaft einen Besuch wert ist, sondern auch die allerorts anzutreffenden Zeugen einer hochinteressanten, bewegten Vergangenheit. Zu ihnen gehören erstrangige Kunstwerke ebenso wie manches weniger spektakuläre, aber gleichfalls entdeckenswerte Detail. Eine Vollständigkeit in ihrer Darstellung wurde bewusst nicht angestrebt; es ging uns in erster Linie darum, anhand wichtiger Beispiele einen Eindruck von der vorhandenen Vielfalt zu vermitteln und Sie zu einer Entdeckungsreise in Vergangenheit und Gegenwart von Kirche und Kirchen in der Region anzuregen. Sicher werden spätere Auflagen Ergänzungen bringen; für Ihre Hinweise und Anregungen hierzu bedanken wir uns herzlich im voraus.

Sollten wir Ihnen Lust auf einen Besuch der Sächsisch-Böhmischen Schweiz gemacht haben, so lag dies ganz in unserer Absicht. Für weitere Informationen zur Region sowie Buchungen von Unterkünften und kompletten Reiseprogrammen steht Ihnen gern zur Verfügung

*Ihr Tourismusverband Sächsische Schweiz*

# 1000 Jahre Kirchengeschichte

▲ *Döbra, mittelalterliche Wandmalereien*

Über die Anfänge der Kirchengeschichte in unserem Heimatgebiet gibt es keine schriftlichen Nachrichten, aber aus dem allgemeinen Gang der Landesgeschichte lassen sich sachdienliche Auskünfte entnehmen. Nach dem Jahre 600 waren die sorbischen Bewohner des Elbtals aus Böhmen über das Osterzgebirge in das niedrig gelegene Land, das sie deshalb Nisani nannten, eingewandert. Sie waren Anhänger einer Naturreligion. Nachdem im Jahre 929 der deutsche König Heinrich I. mit der Gründung der Burg Meißen die deutsche Herrschaft östlich der Saale errichtet hatte, folgte unter seinem Sohn Otto I. der Beginn der Missionierung, denn nach damaligem Verständnis empfand es der christliche König als seine Aufgabe, allen Bewohnern seines Reiches den christlichen Glauben mit der Botschaft von der Gnade Gottes und der durch den Opfertod Jesu Christi in die Welt gekommene Heilsgewißheit nahezubringen. Er gründete im Jahre 968 das Bistum Meißen, dessen Bischöfe nun darangingen, mit Hilfe deutscher Priester der sorbischen Bevölkerung das Evangelium zu predigen, sie zu taufen und ihr im regelmäßig stattfindenden Sonntagsgottesdienst in Gestalt des Meßopfers die Heilszusage zu erneuern. Dazu wurden Kirchen gebaut und feste Ordnungen für die Zugehörigkeit der sorbischen Dorfbewohner geschaffen, so daß sich Kirchgemeinden mit einem Ortspfarrer bildeten. Auf diese Weise entstand im Gebiet der heutigen Sächsischen Schweiz ein erster Stützpunkt des Christentums vor der Burg Dohna, die allen Anzeichen nach noch im 10. Jahrhundert an einer Stelle angelegt wurde, wo die Straße aus Böhmen in das Elbtal eintrat und eine von einer Flußschlinge der Müglitz umgebene steile Anhöhe einen günstigen Platz für eine Wehranlage bot. Vor dieser Burg wurde eine Kirche erbaut, der mehr als 40 kleine Dörfer im Südostteil des Gaues Nisani zur geistlichen Betreuung zugewiesen wurden. Zehn davon lagen jenseits der Elbe. Das alte Kirchspiel Dohna gehört somit zum Typ der Urpfarreien, die mit ihrem weiten Umfang für die erste Stufe der Kirchenorganisation im slawisch besiedelten Land kennzeichnend sind.

Eine zweite Kirche kam im frühen 12. Jahrhundert hinzu, als der Fernhandel im Zuge eines allgemeinen Aufschwungs der wirtschaftlichen und gesellschaftlichen Kräfte so stark zunahm, daß an Knotenpunkten des damals noch sehr weitmaschigen Straßennetzes Kaufmannssiedlungen entstanden. Die Fernhändler jener Zeit erkoren sich den hl. Nikolaus zu ihrem Schutzpatron und widmeten ihm deshalb die Kirchen, die sie nun in ihren neu entstehenden Siedlungen erbauten. Wo in Pirna die von Dresden nach dem nordböhmischen Tetschen führende Fernstraße das Elbtal verläßt und sich zum Aufstieg auf die Höhe beim Sonnenstein anschickt, legten sie quer dazu einen breiten Straßenmarkt an, der heute noch die Breite Straße heißt. Von dort gelangte man geradewegs zur Elbe, die damals schon als Wasserstraße für den Fernverkehr genutzt wurde. Am nördlichen Ende der Breiten Straße stand bis zu ihrem Abbruch im Jahre 1875 die Nikolaikirche, an die heute nur noch der Nikolaiplatz erinnert.

Nach der Mitte des 12. Jahrhunderts erreichte die hochmittelalterliche deutsche Ostbewegung das Gebiet der heutigen Sächsischen Schweiz, was einen Zustrom von mehreren tausend Bauern, die Gründung von nahezu 150 Dörfern auf vorher unbesiedeltem Waldboden und die Anlage der großen Fernhändlerstadt Pirna neben der bereits bestehenden Kaufmannssiedlung bedeutete. Die kleineren Städte Berggießhübel, Dohna, Gottleuba, Hohnstein, Königstein, Liebstadt, Neustadt, Schandau, Sebnitz, Stadt Wehlen und Stolpen haben sich erst während des späten Mittelalters aus Dörfern oder im Anschluß an Burgen entwickelt, ihre wirtschaftliche Bedeutung blieb auf den näheren Bereich beschränkt. Daß die Stadt Pirna gleichzeitig mit der bäuerlichen Besiedlung ihrer Umgebung entstanden ist, ergibt sich aus der Einpfarrung von fünf Kolonistendörfern in die Stadtkirche. Wenn die Stadt, wie es die bisherige Forschung angenommen hat, erst nach 1200 »gegründet« worden wäre, dann hätten die Dörfer bis dahin keine geistliche Betreuung erhalten können. Das ist aber für das hohe Mittelalter undenkbar.

Die deutschen Siedler des 12. Jahrhunderts kamen als Christen in das Land, das sie nun in schwerer Rodungsarbeit im dichten Walde für die Nutzung herrichten mußten, um darauf ihre Dorffluren und Dörfer anlegen zu können. Gleichzeitig mit der Besiedlung mußte daher eine Kirchenorganisation geschaffen werden. In den deutschen Siedlungsgebieten entstanden zumeist große Dörfer mit 20 bis 40 und in vielen Fällen noch mehr Hofstellen, so daß dort jedes Dorf eine Kirche erhielt, sei es eine selbständige Pfarrkirche oder eine abhängige Filialkirche. Dieser Fall läßt sich auch im Gebiet der Superintendentur Pirna feststellen, wofür die Pfarrkirchen von Borna, Bühlau, Dittersbach, Friedrichswalde, Langenwolmsdorf, Lauterbach, Markersbach, Oelsen, Rosenthal, Rückersdorf, Schmiedefeld und Wilschdorf zu nennen sind. Das vorherrschende Merkmal sind jedoch in diesem Raum die Großpfarreien, in die bis zu einem halben Dutzend von Dörfern eingepfarrt waren. Dabei handelte es sich z.T. um Grundherrschaften, deren Inhaber ein Interesse daran hatten, alle Orte unter ihrer Botmäßigkeit auch in einem einzigen Kirchspiel zu vereinigen, wie es sich für Liebstadt zeigt. Andererseits kamen auch ohne herrschaftliche Einwirkung solche große Kirchspiele wie Burkhardswalde, Gottleuba, Königstein, Reinhardtsdorf, Sebnitz und Struppen zustande. Zur Pfarrkirche Ottendorf bei Pirna gehörten weitere drei Dörfer in einem 2 km breiten, aber 10 km langen Kirchspiel, das sich im Tal des Bahrabaches hinzog und sich somit an die Landesnatur anlehnte. Den Bauern in dem am weitesten abgelegenen Hartmannsbach war es offenbar lieber, den 6 1/2 km langen Weg zu ihrer Kirche in Ottendorf auf bequeme Weise im Tal zu gehen, als die nur halb so lange Entfernung zur nächsten Kirche Breitenau über den Berg hinweg ersteigen zu müssen. Vielleicht aber gab es Breitenau mit seiner Kirche noch gar nicht, als Hartmannsbach gegründet wurde, so daß nur die Zuordnung zu Ottendorf in Frage kam. Auf diese Weise sind viele Zuordnungen von Dörfern in eine Pfarrkirche zustandegekommen, die nach heutigen Begriffen unpraktisch und mit den Auffassungen einer vernunftmäßigen Raumordnung nicht vereinbar sind, weil sie von damals gültigen Sachzwängen bestimmt waren und sich aus einem organischen Wachstum ergaben. Viele von ihnen sind später verändert, manche sind bis heute beibehalten worden.

▲ *Dohna, spätgotischer Schnitzaltar*

In der Kirchenorganisation, wie sie in der Besiedlungszeit entstanden ist, spiegelt sich die allgemeine gesellschaftliche Struktur wider, denn die Kirche war damals ein fester, unverzichtbarer Bestandteil der gesellschaftlichen Ordnung. Ihre Gliederung wuchs mit der Ausdehnung des besiedelten Landes und paßte sich an die praktischen Erfordernisse der Zeit an. So erklärt sich der Name des Dorfes Pfaffendorf bei Königstein daraus, daß seine Bauern mit ihren weltlichen Abgaben und Diensten an den »Pfaffen«, also an den Pfarrer von Königstein gewiesen waren, der unter den Bedingungen der Naturalwirtschaft auf diese Weise seinen materiellen Unterhalt gewann. Er war der Dorfherr und Inhaber der Grund- und Gerichtsherrschaft über dieses Dorf, das somit aus dem Zusammenhang der Herrschaft Königstein herausgenommen war. Diese Abhängigkeit bestand bis zur Abschaffung der Feudalordnung um die Mitte des 19. Jahrhunderts.

Aus derartigen Tatsachen ergab sich auch die Zugehörigkeit des linkselbischen Gebietes östlich von Struppen und der Gottleuba zum Erzbistum Prag. Die Herrschaft Königstein unterstand bis zum Übergang an die Markgrafen von Meißen in den Jahren 1406/08 dem König von Böhmen, auf den auch der Name des Berges zurückgeht. Da sich im Mittelalter die Kirchenorganisation in der Regel an die Herrschaftsbereiche anlehnte, erklärt sich somit die Grenzziehung zwischen den Diözesen Meißen und Prag mitten durch die linkselbische Sächsische Schweiz. Eine andere Deutung müßte die Besiedlung dieses Gebietes aus dem böhmischen Gau Tetschen über das Gebirge hinweg annehmen, der dann die Kirchenorganisation gefolgt sei, doch ist dies wenig wahrscheinlich. Jedenfalls unterstanden die hier gelegenen Pfarrkirchen bis zur Reformation dem Dekanat Aussig im Archidiakonat Bilin der Erzdiözese Prag.

▲ *Lauenstein, Renaissance-Kanzel*

Auch auf der bischöflich meißnischen Seite weist die Gliederung bemerkenswerte Tatsachen auf. Westlich der Gottleuba erstreckte sich um Liebstadt, Dohna und Pirna bis über die Elbe nach Porschendorf der Sprengel des Erzpriesterstuhls Pirna im Verbande des Archidiakonats Nisan, der das Dresdner Elbtal und seine angrenzenden Gebiet umfaßte. Rechts der Elbe begann der Archidiakonat Oberlausitz mit den Erzpriestersprengeln Stolpen und Hohnstein, wovon der zweite bis in das heutige Nordböhmen hineinreichte. Wenn man an die schon genannte Deckungsgleichheit von herrschaftlicher und kirchlicher Raumordnung denkt, dann bedeutet das, daß die erst später als Markgraftum Oberlausitz auftretende territoriale Einheit ursprünglich bis an die Elbe reichte. Wenn der Fluß, der ja doch für den ständigen Verkehr zwischen einer Pfarrkirche und ihren eingepfarrten Dörfern ein erhebliches Hindernis darstellte, an zwei Stellen mitten durch ein Kirchspiel floß, so kann das wohl auch nur mit dem allmählichen Wachstum der Kirchenorganisation erklärt werden. Waltersdorf, Porschdorf und Prossen sind sicher von Königstein aus zu einer Zeit besiedelt worden, als es die später benachbarten Pfarrkirchen in Wehlen, Lohmen und Stürza noch nicht gab, so daß man trotz der unbequemen Flußüberquerung bei jedem Weg zur Kirche und jeder Beerdigung nach Königstein gehen mußte. Die einmal getroffene Regelung wurde nach der sicher bald erfolgten Gründung der benachbarten Dörfer nicht verändert, weil dadurch die Einkünfte des Königsteiner Pfarrers geschmälert worden wären. Das gleiche gilt für die Einpfarrung von Ostrau und Postelwitz nach Reinhardtsdorf.

Die in der zweiten Hälfte des 12. Jahrhunderts entstandene Kirchenorganisation blieb auf allen drei Ebenen der Kirchgemeinden, der Erzpriestersprengel und Dekanate und der Diözesen über 350 Jahre unverändert erhalten. Sie setzte den Rahmen für alles kirchliche Handeln in Verkündigung und Seelsorge und für die ständige Begegnung der Menschen mit dem Heiligen, das ein fester Bestandteil ihres Lebens war. Der sonntägliche Kirchgang hob den »Tag des Herrn« aus dem Jahresablauf heraus und gab dem werktätigen Leben Ordnungs- und Ruhepunkte. Die innerhalb des Kirchenjahres gesetzten Feiertage brachten zusätzliche Orientierungshilfen im Ablauf der Zeit, das Kirchweihfest führte alljährlich die Kirchgemeinde zu einer Festgemeinschaft zusammen. Der Kirchhof war mit seinen Gräbern ein Ort der Begegnung zwischen Lebenden und Toten. So war jedes Kirchengebäude für die Dorfbewohner ein vertrautes Haus und eine geistliche Heimat, an dessen Größe, Bau- und Schmuckformen ihnen das ganz Andere bewußt werden konnte, das über den Alltag mit seinen Mühen, Sorgen, Nöten und Leiden hinausreichte. Dort brachten sie im Gebet ihre Anliegen vor Gott und erhofften in gläubiger Zuversicht von den Heiligen die erbetene Hilfe.

Über das geistliche Leben und die Formen der Frömmigkeit, die in den Kirchspielen des Heimatgebietes während des Mittelalters üblich waren, liegen keine schriftlichen Zeugnisse vor, denn das Selbstverständliche schrieb man nicht auf. Manches läßt sich jedoch aus bestimmten Anzeichen erschließen. Dazu gehört vor allem das höher entwickelte geistliche Brauchtum in den Städten, wo die geistlichen Bruderschaften und die Altarstiftungen als Ausdruck spätmittelalterlicher Frömmigkeit überliefert sind. In Hohnstein stifteten zwei Adlige im Jahre 1381 eine Frühmesse, indem sie ein Kapital zur Verfügung stellten, von dessen Zinsen ein Meßpriester zu festgelegten Zeiten eine Messe zu halten hatte. An der Stolpener Stadtkirche hatte die Schützengesellschaft um 1495 einen Altar zu Ehren der Heiligen Fabian und Sebastian gestiftet, bis zum Jahrhundertende kamen zwei weitere hinzu. An der Stadtkirche in Pirna wurden von 1338 bis 1481 elf Altäre gestiftet, an denen jeweils ein Geistlicher als Altarist vom Stiftungskapital erhalten wurde, um daran die Messe zu lesen. Seit 1412 wurde eine Marienbruderschaft, eine Rosenkranzbruderschaft, je eine Nikolaus-, eine Jakobs- und eine Severinsbruderschaft, eine Schützenbruderschaft, eine Bruderschaft der Schmiede und Schlosser und 1465 eine Vereinigung der Schustergesellen begründet. Sie alle lebten in geistlicher Gemeinschaft und Gebetsverbrüderung, hielten an den von ihnen gestifteten Altären regelmäßig ihre Meßgottesdienste ab, versammelten sich zu Geselligkeit und unterstützten sich gegenseitig in Notlagen. Da nach 1465 keine neuen Bruderschaften und nach 1481 keine neuen Altarstiftungen zu verzeichnen sind, liegt die Vermutung nahe, daß diese im Mittelalter gepflogenen Formen der Werkheiligkeit nicht mehr überzeugend wirkten, obwohl die alten Einrichtungen weiterlebten.

▲ *Langenhennersdorf, Patronatsloge*

Gerade in diese Zeit hinein wurde um 1465 in Pirna der spätere Dominikaner Johannes Tetzel geboren, der Jahrzehnte danach mit der Art seines Ablaßverkaufs schon vor 1517 auch bei gutgläubigen Christen Anstoß erregte und schließlich den Anlaß zur Veröffentlichung von Luthers 95 Thesen am 31. Oktober 1517 in Wittenberg gab, mit der die Reformation in Gang kam. Im Gegensatz zu vielen anderen Städten in Sachsen gibt es aus dem Gebiet der Sächsischen Schweiz keine Nachrichten über eine spontane Hinwendung zu Luthers Lehre, sie wurde hier erst durch die von Herzog Heinrich im Jahre 1539 angeordnete evangelische Visitation eingeführt. Im Laufe des Sommers wurden alle Pfarrstellen in den Ämtern Pirna und Hohnstein-Lohmen mit evanglischen Pfarrern besetzt und in der neu geschaffenen Superintendentur Pirna zusammengefaßt. Als erster Superintendent trat der eng mit Luther befreundete, aus Stolpen gebürtige Anton Lauterbach am 25. Juli 1539 seinen Dienst an und blieb bis zu seinem Tode 1569 in dieser Stelle, in der er eine segensreiche

Tätigkeit über Pirna hinaus in der ganzen Landeskirche entfaltete. Als im Jahre 1559 auch in dem bis 1558 bischöflich meißnisch gewesenen Amt Stolpen die Reformation eingeführt wurde, erhielt dieses Gebiet eine eigene Superintendentur mit dem Sitz in Bischofswerda. Damit war die heutige Superintendentur Pirna in ihrem gesamten Umfang evangelisch geworden.

Das im Jahre 1539 begründete landesherrliche Kirchenregiment brachte eine vollkommene Neuordnung der Kirchenorganisation auf der Grundlage der staatlichen Verwaltungsstruktur mit sich. Die Zuständigkeit des Superintendenten zu Pirna erstreckte sich auch auf diejenigen Gebiete, die in kirchlicher Hinsicht bis dahin zum Erzbistum Prag gehört hatten. Die Erzpriestersprengel hörten zu bestehen auf. Dagegen blieb die Gliederung der Kirchgemeinden beinahe völlig unangetastet, es wurden lediglich einige Verbesserungen im Interesse der geistlichen Versorgung der Bevölkerung durchgeführt. Die rechts der Elbe gelegenen Dörfer des Kirchspiels Dohna wurden den benachbarten Pfarrkirchen Hosterwitz und Schönfeld zugeschlagen, Ostrau und Postelwitz wurden nach Schandau umgepfarrt. Die Pfarrkirche Markersbach kam als Filial zu Gottleuba, aus dem aber Berggießhübel mit einer eigenen Filialkirche ausgepfarrt wurde. Die Pfarrkirche Oelsen wurde Filial von Breitenau, die Pfarrkirche Rosenthal kam als Filial zu Langenhennersdorf, die Pfarrkirche Papstdorf wurde für die nächsten 40 Jahre Filial von Königstein. In allen diesen Fällen dürften die geringen Einkünfte der Pfarrkirchen der Grund für den Verlust der Selbständigkeit gewesen sein. An der Grenze zu Böhmen wurde die Kirchenorganisation an die staatliche Struktur angeglichen, wobei zweifellos die unterschiedliche konfessionelle Entwicklung in beiden Ländern den Ausschlag gab. Hinterhermsdorf kam deshalb von seiner bisherigen Pfarrkirche im böhmischen Nixdorf zu Sebnitz, das wiederum auf seine bisherigen eingepfarrten Dörfer Einsiedel und Wölmsdorf in Böhmen verzichten mußte.

▲ *Langenhennersdorf, klassizistischer Orgelprospekt*

Alle Kirchen waren von grundlegenden Änderungen erfaßt, die sich aus dem neuen Kirchenverständnis und der neuen Kirchenordnung ergaben. Die Pfarrer waren jetzt studierte Leute, die ihre Hauptaufgabe im Abhalten gut vorbereiteter Predigten sahen. Die mittelalterliche Kultkirche wandelte sich zu einer Kirche des Wortes. Das hatte einen gewissen Abstand des akademisch gebildeten Pfarrers zu seinen Gemeindegliedern zur Folge, der aber dadurch abgeschwächt wurde, daß im Pfarrhaus jetzt eine Pfarrerfamilie lebte und der Pfarrer mit Weib und Kind sich in das Alltagsleben der Gemeinde einbrachte. Neben die Predigt trat der Gemeindegesang als neues Element des Gottesdienstes, der den Kantor als Vorsänger notwendig machte, der aber auch über das gesungene Wort die wesentlichen Elemente des Glaubens den Menschen nahebrachte. Da die Gottesdienste mit Predigt und Gesang jetzt länger dauerten, konnten sie nicht mehr im Stehen gehalten werden, so daß ein Kirchengestühl und später auch eine Empore eingebaut werden mußte. Die starke Betonung des Wortes Gottes hatte zur Übersetzung der Bibel in die deutsche Sprache durch Martin Luther geführt. So wurde die Gründung von Kirchschulen zur unbedingten Notwendigkeit, in denen die Kinder das Lesen der Bibel erlernen sollten. Die Volksschule ist eine der hervorragendsten Leistungen der lutherischen Reformation, sie trat sofort mit der ersten Kirchenvisitation ins Leben. Dazu brauchte man einen Schulmeister, dessen Amt zumeist mit jenem des Kantors verbunden wurde, und ein neues Schulhaus, das in den Dörfern und Städten bis zum heutigen Tage überall gleich neben der Kirche steht.

Die in der Reformationszeit geschaffene Kirchenordnung ist wiederum für mehrere Jahrhunderte gültig geblieben, erst im Zuge der Industrialisierung ergaben sich größere Veränderungen. Bis dahin kamen kleinere Neuerungen hinzu, die sich aus dem Anwachsen der Bevölkerung ergaben. Saupsdorf erhielt 1842 eine eigene Filialkirche von Hinterhermsdorf, Porschdorf im Jahre 1904 eine Filialkirche, die 1926 zur Pfarrkirche erhoben wurde. Dadurch wurde für Porschdorf, Prossen und Waltersdorf die bis dahin notwendig gewesene ständige Überfahrt über die Elbe in die Pfarrkirche Königstein hinfällig. In der leerstehenden Pirnaer Nikolaikirche fanden von 1628 bis 1639 Gottesdienste in tschechischer Sprache für die aus Böhmen vertriebenen Evangelischen statt.

Nachdem im Jahre 1806 mit der bürgerlichen Gleichstellung der Katholiken in Sachsen auch die Bildung katholischer Kirchgemeinden möglich geworden war, führte der Zuzug katholischer Christen namentlich infolge der Industrialisierung auch in der Sächsischen Schweiz zur Errichtung katholischer Kirchen und Seelsorgestellen. Diese Entwicklung begann in Pirna mit der Gründung einer katholischen Gemeinde 1823, für die 1863 eine neue Kirche erbaut wurde. Weitere Kirchen folgten 1888 in Sebnitz, 1920/23 in Heidenau, 1923 in Königstein, 1927 in Schandau, 1932 in Neustadt. Nach dem Zweiten Weltkrieg hatte der Zustrom katholischer Flüchtlinge und Heimatvertriebener die Einrichtung von Lokalkaplaneien 1946 in Berggießhübel und Stolpen, 1948 in Maxen zur Folge, Berggießhübel erhielt 1953 eine eigene Pfarrkirche.

▲ *Bad Schandau, historistisches Buntglasfenster*

Evangelische Freikirchen, wie sie im Erzgebirge, im Vogtland und in den sächsischen Großstädten auftreten, haben sich in der Sächsischen Schweiz nicht niedergelassen. Die volkskirchliche Prägung der evangelisch-lutherischen Landeskirche blieb in diesem Gebiet weitgehend erhalten. Nach der Volkszählung von 1925 lebten in der Amtshauptmannschaft Pirna

| | |
|---|---:|
| Einwohner insgesamt | 167.172 |
| Evangelisch-Lutherische | 149.703 |
| Evangelisch-Reformierte | 196 |
| Katholiken | 6.486 |
| Deutsch-Katholiken | 3 |
| Israeliten | 64 |
| Andere | 10.720 |

Demnach machten die lutherischen Bewohner 89 %, die katholischen 4 % aus. Im damaligen Freistaat Sachsen gehörten im Landesdurchschnitt 82 % der Bevölkerung der evangelischen Landeskirche an.

Wenn auch in den dreißiger Jahren unter der NS-Diktatur die parteiamtlich betriebene Kirchenaustrittsbewegung zu einem weiteren Rückgang der Zahl der Kirchenmitglieder geführt hat, so können die Zahlen von 1925 doch bis zum Zweiten Weltkrieg mit kleinen Abstrichen als gültig angesehen werden. Erst die massive atheistische Agitation und der administrative Druck der

SED-Diktatur auf die kirchlich eingestellten Bewohner der DDR, die existenzbedrohlichen Angriffe auf christliche Schüler, Studenten und Angestellte in den staatlichen Betrieben und Verwaltungen haben während der zu Ende gehenden zweiten Hälfte des Jahrhunderts die Zahl der Kirchenmitglieder auf einen wesentlich niedrigeren Stand hinabgedrückt. Das machte im Jahre 1998 die Einleitung eines tiefgreifenden Umbaus der Kirchenorganisation mit dem Ziel notwendig, den materiellen Aufwand an Personal- und Sachkosten den geringer gewordenen Einkünften der Kirche anzupassen. Das hat zur Folge, daß die seit mehr als 800 Jahren bestehende Struktur vereinfacht und manche so lange vorhanden gewesene Pfarrstelle eingezogen werden muß. Am Ende des zweiten Jahrtausends macht sich ein tiefer Einschnitt notwendig, wie er in den bisherigen tausend Jahren der Kirchengeschichte in Sachsen noch nie dagewesen ist. Nach einem Jahrtausend des Auf- und Ausbaus gebietet die Vernunft jetzt den Rückbau.

▲ *Gemeindezentrum Pirna-Sonnenstein*

Auch die Superintendentur Pirna stellt sich dieser unvermeidlichen Aufgabe. Sie wird in dem Bewußtsein angepackt, daß auch im Rückbau und im rationelleren Einsatz der Kräfte eine Chance für die Zukunft der Kirche liegt. Die Kirche hat sich in ihrer äußeren Gestalt mehrfach veränderten Bedingungen anpassen müssen, ohne deswegen ihren Inhalt und ihren Auftrag zu verändern. Überall in Stadt und Land stehen Kirchen als greifbare Zeugnisse einer langen Kirchengeschichte und einer stets wiederholten Bereitschaft der Stadt- und Dorfbewohner, ihre Kirchen zu bauen und zu bewahren, in ihnen Gemeinschaft zu erleben und Gott die Ehre zu geben. Sie stellen eine Herausforderung an die gegenwärtigen und die künftigen Bewohner der Sächsischen Schweiz dar, diese Aufgabe anzunehmen und das Erbe weiterzugeben.

*Prof. Dr. phil. habil. Karlheinz Blaschke*

*Kirche in Papstdorf*

*Die Pirnaer Stadtkirche St. Marien ist das bedeutendste sakrale Baudenkmal der Sächsischen Schweiz. Sie gehört zu den schönsten der spätgotischen obersächsischen Hallenkirchen und sucht mit ihrer einzigartigen Ausstattung aus dem 16. und frühen 17. Jahrhundert ihresgleichen. Bis heute prägt sie das Bild der Stadt mit ihrem riesigen, fast 20 Meter hohen Dach und ist Zentrum des evangelischen Gemeindelebens in Pirna. Darüber hinaus bietet sie ein wundervolles Ambiente für Kirchen- und Orgelkonzerte.*

▲ *Blick zum Altar*
▼ *Taufstein (Fuß aus dem Umkreis von Hans Walther II, Oberteil 19 Jh.)*

## Ein Werk Pirnaer Baumeister

Pirna gehörte im späten Mittelalter – vor allem durch rege Handelstätigkeit und das ihm seit 1256 verliehene Stapelrecht – zu den reichsten Städten des meißnischen Landes.
Die frühgotische Stadtkirche – bereits Nachfolgerin einer romanischen Basilika – genügte bald den gewachsenen Raumanforderungen und Repräsentationsbedürfnissen der Bürger nicht mehr, und so beschloss man einen Neubau. Als erstes wurde von 1466 bis 1479 ein stattlicher Turm errichtet, dessen Höhe nach dem Ersetzen des gotischen Turmhelmes durch eine barocke Haube heute noch etwa 60 Meter beträgt. Um 1502 wurde mit der Errichtung der Außenmauern der neuen Kirche begonnen.
Der Entwurf einer weiträumigen, als dreischiffige Halle ausgeführten Predigtkirche stammte vom Baumeister Peter Ulrich, genannt Peter von Pirna. Nach seinem Tod wurde das Werk unter anderen Baumeistern fortgesetzt, so entstand beispielsweise das auf Jörg von Maulbronn zurückgehende, fein gearbeitete Netz-, Stern- und Fischblasengewölbe unter Leitung des Pirnaers Wolf Blechschmidt. 1539, im Jahr der Einführung der Reformation in Sachsen, war der Bau äußerlich beendet. Bis 1546 konnten die Arbeiten im Inneren der Kirche mit der Ausmalung der Gewölbe im wesentlichen abgeschlossen und die Kirche durch Antonius Lauterbach, den ersten evangelischen Superintendenten Pirnas, geweiht werden.
Lauterbach, der ein Freund Martin Luthers war, hatte selbst die thematischen Anregungen zu den Malereien im Gewölbe (1545–46) mit Motiven aus dem Alten und Neuen Testament gegeben, welche die lutherische Lehre bildhaft bekräftigten.

die Ost-West-Gerichtetheit des Baues. Um den Bestand an hervorragenden Kunstwerken in der Ausstattung der Kirche auch nur annähernd zu würdigen, fehlt hier der Raum. Als Beispiele sollen nur die spätgotische, reliefgeschmückte Sandsteinkanzel (um 1525, Franz Maidburg zugeschrieben), der Taufstein (mit der Darstellung 26 kleiner Kinder am Fuß aus dem Umkreis von Hans Walther II, 1561) und der prächtige, 10 Meter hohe und 5 Meter breite Sandsteinaltar genannt werden,

▲ *Netzgewölbe mit originalen Malereien*
▼ *Außenansicht von Südosten*

## Hauptwerke deutscher Bildhauerkunst

Das Innere der Hallenkirche weist eine Länge von 49 Metern und eine Breite von 25 Metern auf und bietet der Gemeinde auf 2000 Sitzplätzen Raum. Die zwölf schlanken, leicht gekehlt achtkantigen Freipfeiler, auf welchen das Gewölbe ruht, stören den einheitlichen Raumeindruck nicht, dessen Einteilung in drei Schiffe durch deren nahezu gleiche Höhe kaum noch spürbar ist. Vor allem die steinernen Emporen an drei Seiten des Raumes und die Akzentuierung des Chores durch die Fenster und das Altarretabel vermitteln noch der von den Pirnaer Bildhauern Michael und David Schwenke um 1610 geschaffen wurde. Dieser prächtige, mehrgeschossige Altar zählt mit seiner ausdrucksvollen und filigranen Gestaltung zu den Hauptwerken der deutschen Spätrenaissancekunst. – Die Orgel der Kirche wurde 1842 von Friedrich Nikolaus Jahn aus Dresden errichtet. Nach mehrmaligen Umbauten und Ergänzungen besitzt sie heute 56 Register und über 4000 Pfeifen und ist damit die größte Orgel in der Sächsischen Schweiz. Mit ihrer ausgewogenen Disposition und ihrem Klangreichtum wird sie gern als Konzertinstrument genutzt.

**Pirna, das »Tor zur Sächsischen Schweiz«, lädt zu einem Bummel durch die Geschichte ein. Das nahezu vollständig erhaltene historische Stadtzentrum mit Bauten von der Gotik bis zur Gründerzeit wird Stück für Stück restauriert und gewinnt sein zauberhaftes Flair zurück, das schon Bernardo Bellotto, gen. Canaletto, zu einer Reihe berühmt gewordener Veduten inspirierte. Zu erreichen ist Pirna am besten mit der S-Bahn.**

**Information**

**Evangelische Gottesdienste**
in der Stadtkirche St. Marien von Ostern bis zum Reformationsfest an Sonntagen sowie zu ausgewählten Festen und Feiertagen, jeweils 9.30 Uhr

**Öffnungszeiten**
Mai bis Oktober:
Mo.–Sa. 10–12, 14–15.30 Uhr,
So. 16–18 Uhr
November–April:
nach vorheriger Anmeldung
Kirchenführungen und Turmbesteigungen nach rechtzeitiger Voranmeldung möglich

**Anschrift**
Stadtkirche St. Marien
Kirchplatz 14, 01796 Pirna
Tel. (0 35 01) 52 28 60
Kontakt über Ev.-Luth. Pfarramt
Kirchplatz 13, 01796 Pirna
Tel. (0 35 01) 52 79 73

*Um 1300 gründeten Dominikanermönche von ihrem Leipziger Mutterkloster aus eine Niederlassung in Pirna. Ihr Orden widmete sich besonders dem Predigen, der religiösen Unterweisung des Volkes, und errichtete seine Klöster vorzugsweise in größeren Städten. Es zeugt von der Bedeutung, die man dem Orden beimaß, dass man im bereits fest ummauerten Pirna extra die Befestigungsanlagen im Westen der Stadt verlegte, um den notwendigen Raum für den Bau des Klosters zu gewinnen.*

▲ *Blick in die zweischiffige Halle*
▼ *Madonna, mittelalterliche Wandmalerei*

**Ein Kleinod mittelalterlicher Architektur**

Am Anfang des 14. Jahrhunderts begann man mit dem Bau der gotischen Klosterkirche, die entsprechend den dominikanischen Ordensregeln als schlichter, unaufwendig gestalteter Saalbau mit Flachdecke und einem Mönchschor im Osten konzipiert war. Noch in der zweiten Hälfte des gleichen Jahrhunderts wurde die Kirche jedoch verlängert und gleichzeitig die Decke durch das noch heute vorhandene Kreuzrippengewölbe ersetzt, welches auf sechs achteckigen, in die Längsachse des Raumes eingestellten Pfeilern ruht. So entstand eine zweischiffige Hallenkirche, eine selten anzutreffende Bauform. Da der sechste, östlichste Pfeiler direkt unter den Triumphbogen – vor den heute nicht mehr vorhandenen Chor – gesetzt wurde, ist die verbliebene Halle in insgesamt sechs Joche untergliedert. Gleichzeitig mit diesen Umbauten errichtete man den Turmunterbau an der Südostecke der Kirche in der Nische zwischen Langhaus und Chor. Erst gegen Ende des 15. Jahrhunderts führte man ihn in schlankerer Achteckform nach oben bis zu einer Höhe von ca. 30 Metern weiter, verzichtete aber auf eine prachtvolle Spitze, sondern beließ es bei dem fialengeschmückten stumpfen Abschluss. Bis auf den nach der Reformationszeit verfallenen und später abgetragenen Chor bietet das Äußere der Kirche heute noch das gleiche Bild wie zum Ende des 15. Jahrhunderts. In der Reinheit und Knappheit ihrer architektonischen Formen ist sie ein besonderes Kleinod mittelalterlicher Architektur am Rande der an historischen Baudenkmalen reichen Stadt Pirna.

**Eindrucksvolle Kunstwerke vom Mittelalter bis zur Gegenwart**

Entsprechend der Bestimmung der Kirche als reiner Predigtraum war ihre Ausstattung karg, und von den beweglichen Teilen blieb nichts erhalten. Bei Wiederherstellungsarbeiten zwischen 1955 und 1957 wurden jedoch wertvolle, fragmentarisch erhaltene Wandmalereien freigelegt und gesichert, die aus der Zeit der Erweiterung um 1400 stammen. An der Ostwand über der Orgel ist das Jüngste Gericht mit Christus in einer Mandorla zu sehen, an der Südwand Maria unter einem Baldachin mit Stifterfiguren, und an der Nord- und Westwand sind bedeutende Persönlichkeiten des Dominikanerordens, verbunden durch eine Folge von Szenen aus der Messfeier, dargestellt. Aus der gleichen Zeit stammen auch 16 Konsolfiguren im Gewölbe, teilweise dämonisch und fratzenhaft, aber auch mit hintergründigem Humor gestaltet. Weitere Ausstattungsstücke kamen nach der Wiedereinweihung im Jahre 1957 in die Kirche. Davon stammen aus dem Mittelalter ein qualitätvoller spätgotischer Flügelaltar mit sieben vollplastischen, farbig gefassten Heiligenfiguren (um 1510) sowie eine trauernde Muttergottes aus Lindenholz (um 1520). Zwei kleine Glasmalereien (um 1580) und ein Taufstein (1547) sind der Stilepoche der Renaissance zuzuordnen. Das beeindruckende Altarensemble an der Längsseite der Kirche schuf der Dresdner Bildhauer Friedrich Press. Das 6 Meter hohe Standkreuz ist mit den Wundmalen Christi versehen und versinnbildlicht unter Verzicht auf jegliche abbildende Darstellung zeichenhaft das biblische Wort vom guten Hirten, der sein Leben für die Schafe gibt (Joh. 10).

▲ *Spätgotischer Flügelaltar*
▼ *Außenansicht*

**In der Klosterkirche hielt Antonius Lauterbach, ein Freund Martin Luthers, 1539 den ersten evangelischen Gottesdienst mit Abendmahl in beiderlei Gestalt für die Stadt Pirna und führte damit die Reformation ein. Das Kloster wurde aufgelöst, seine Gebäude verfielen, und die Kirche diente über die Jahrhunderte unter anderem verschiedenen profanen Zwecken. 1952 wurde sie von der stark angewachsenen Pirnaer katholischen Gemeinde gepachtet und ausgebaut; am 11. August 1957 erfolgte die Weihe auf den Namen St. Heinrichs, des Gatten der hl. Kunigunde.**

**Information**

**Katholische Gottesdienste**
**Palmsonntag**
**bis Mitte November:**
**Sonnabend 17 Uhr,**
**Sonntag 10 Uhr**

**Öffnungszeiten**
**im Sommer geöffnet,**
**ggf. Schlüssel im Pfarramt**
**oder Stadtmuseum nebenan**

**Anschrift**
**Klosterhof 3, 01796 Pirna**
**Pfarramt**
**Dr.-Wilhelm-Külz-Straße 2**
**01796 Pirna**
**Tel. (0 35 01) 5 71 01 64**

*Gründungs- und Einweihungsjahr der Peter-Pauls-Kirche liegen im Dunkel. Es wird davon ausgegangen, dass bereits im 13. Jahrhundert eine kleine Kirche in Sebnitz existierte, deren Schutzpatrone die Apostel Petrus und Paulus gewesen sind. Der kräftige Zustrom neuer Siedler machte bald eine Vergrößerung dieses Gotteshauses erforderlich, welche gegen Ende des 15. Jahrhunderts erfolgte. Aus dieser Zeit blieben bis heute die spätgotischen Außenmauern und Strebepfeiler des Chors erhalten.*

▲ *Schmerzensmutter, Ende 15. Jh.*
▼ *Taufstein (Detail)*

**Bilder und Farben, wohin man blickt**

Das heutige Kirchenschiff, im Grundriss fast quadratisch, stammt aus dem Jahre 1619. Auch die hölzerne Kassettendecke mit 88 Wappen- und Ornamentfeldern, von Hans Panitz bemalt und erst kürzlich restauriert, ist mit der Jahreszahl 1619 versehen. 70 Jahre später entstanden die Malereien auf den Brüstungen der zweigeschossigen Emporen im Schiff. Eine Inschrift besagt, dass die 55 Bilder zu biblischen Szenen aus dem Alten und Neuen Testament 1688/89 vom Dresdner Maler Johann Gottfried Buchardy geschaffen wurden; auf den eingeschossigen Emporen im Chorraum finden sich Aposteldarstellungen aus der gleichen Zeit. Der zweigeschossige Altar ist ein wertvolles Renaissancekunstwerk. Von Säulen gerahmt, zeigt das Hauptfeld ein Gemälde des Abendmahls. Sein Schöpfer, Martin Kotte aus Schandau, verewigte sich im dargestellten Figurenensemble selbst mit Palette und Malstock. Das zweite Geschoss des Altars trägt das Bild einer Kreuzabnahme. An der Mittelstütze im Schiff wurde ein großes Kruzifix von etwa 1520 angebracht, darunter eine ebenfalls spätgotische hölzerne Madonnenfigur (Ende 15. Jh.). Weitere besonders erwähnenswerte Ausstattungsstücke der Kirche sind die hölzerne, bemalte Renaissance-Kanzel und der kelchförmige Taufstein aus dem Jahre 1586, der 1928/29 schön restauriert wurde.

**Musik im historischen Ambiente**

Die Orgel der Peter-Pauls-Kirche, ein zweimanualiges Instrument von 1902 mit 27 Registern, stammt aus der Werkstatt der Gebrüder Jehmlich, Dresden. 1928 wurde sie erweitert und erhielt einen freistehenden Pfeifenprospekt

▲ *Außenansicht der Stadtkirche*
▶ *Renaissance-Kanzel*

hinter dem Altar. Seit ihrer kürzlichen Generalüberholung erklingt sie wieder in den Gottesdiensten und regelmäßig stattfindenden Konzerten. – 1993 entstand in der Sebnitzer Kirchgemeinde der Gedanke, einen der wohl am schönsten und reichhaltigsten ausgestatteten Kirchenräume in der Sächsischen Schweiz mit einer Konzertreihe zu verbinden. 1994 fanden die ersten Konzerte unter dem Namen »Musik in Peter-Paul« statt. Seitdem beeindruckt die gelungene Synthese zwischen Architektur und Musik unterschiedlichster Stilepochen immer wieder sowohl die Konzertbesucher als auch die gastierenden Musiker.
Eine besondere Tradition hat die Sebnitzer Christmette am 1. Weihnachtstag jedes Jahres. Die musikalischen Hauptstücke in diesem Gottesdienst sind die Sebnitzer Weihnachtsarie, komponiert vom Sebnitzer Kantor Gotthilf Sigismund Heine (1746–1814) und die Sebnitzer Mettenmusik für Soli, Chor und Orchester von Christian Gottlob August Bergt (1771–1837), die von vielen als besondere kirchenmusikalische Höhepunkte geschätzt werden.

▼ *Blick in den Chor*

**Sebnitz ist von Bad Schandau aus mit dem Zug zu erreichen. Die traditionsreiche Nebenstrecke wird wegen ihrer zahlreichen Tunnel und Brücken und ihrer reizvollen Ausblicke auch »Sächsische Semmeringbahn« genannt. Von Dresden, Pirna und Bad Schandau aus führen auch Buslinien in die Stadt, die wegen ihrer touristischen Attraktionen (z. B. Seidenblumenmanufaktur, Urzeitpark und Dr.-Petzold-Gesundheitsbad) und ihrer schönen Umgebung einen Besuch lohnt.**

**Information**

**Evangelische Gottesdienste**
regelmäßig sonntags 9.30 Uhr, bei besonderen Anlässen auch zu anderen Zeiten

**Öffnungszeiten**
Mai bis Oktober, auf Anfrage; Führungen bei telefonischer Anmeldung ganzjährig möglich

**Anschrift**
Ev.-Luth. Stadtkirche
»Peter und Paul« Sebnitz
Pfarramtsbüro
Kirchstraße 7
01855 Sebnitz
Tel. (03 59 71) 8 09 33-0
Fax (03 59 71) 8 09 33-12

*Genießt man den Ausblick von Schloss Kuckuckstein, ehemals Sitz der Herren von Bünau und von Carlowitz, auf das malerische Städtchen Liebstadt, so fällt besonders die Kirche mit ihrem wuchtigen Turm und den gotischen Fenstern auf. Reste ornamentaler Malereien, die bei Restaurierungsarbeiten an ihrer Langhauswand freigelegt wurden, weisen darauf hin, dass zumindest Teile des Baus bereits aus der Hussittenzeit (1410–1430) stammen.*

**Ein halbes Jahrtausend alt**

In ihrer jetzigen Form entstand die Kirche jedoch erst ab Ende des 15. Jahrhunderts; über der inneren Sakristei im Untergeschoss des Turmes findet man das Meisterzeichen »h.b.« und die Jahreszahl 1499. 1999 feiert die Kirche deshalb ihr 500-jähriges Bestehen. Der Chor dürfte ab 1511 errichtet worden sein, wie aus einer Eintragung im Stadtbuch von 1513 hervorgeht: Zu jener Zeit sei »ein gehawener wantstein verdinget und am sontag der Kirchmes der erste Grundstein geleget worden«. Die flache Holzbalkendecke des Kirchensaals stammt aus dem Jahre 1891, die Sterngewölbe des Chors, deren Rippen Durchsteckungen aufweisen, ist spätgotisch.

Mehrere Umbauten und Renovierungen veränderten die Kirche im Laufe der Jahrhunderte. So wurde der Turm während der Barockzeit mit einer laternengekrönten, geschweiften Haube versehen. Eine gründliche Erneuerung der Kirche in den Jahren 1891/92 beeinflusste vor allem ihr Inneres. Unter anderem wurden hölzerne Emporen eingebaut und die Namen bedeutender Reformatoren (ML, JB, JJ, PM) mit den dazugehörigen Symbolen an die Decke gemalt. Auch die Orgel, ein zweimanualiges Werk mit 19 Registern und pneumatischer Traktur, stammt aus dieser Zeit; sie wurde 1892 in der Werkstatt der Gebr. Jehmlich, Dresden, gebaut.

**Niederländisches Meisterwerk in der Sächsischen Schweiz**

Die Liebstädter Kirche beherbergt eine Reihe hervorragender Kunstwerke, unter denen besonders der Altar mit Tafeln eines niederländischen Retabels vom Ende des 15. Jahrhunderts (um 1490) hervorzuheben ist. Auf der Mitteltafel stellte der namentlich unbekannte Meister in liebevoll-detailreicher Gestaltung die Kreuzabnahme dar; die Seitentafeln zeigen links die Kreuztragung, rechts die Auferstehung Christi. Auf den Außenseiten der Flügel finden sich – in Grisaillemalerei – die Gefangennahme Jesu und die Handwaschung des Pilatus. Das gotisierende Gesprenge des Altars wurde erst 1893

▲ *Bronzeplatte über der Gruft für Rudolf von Bünau († 1615)*

▼ *Außenansicht*

▲ *Blick in den Chor*
▼ *Altar, um 1490, rechte Seitentafel: Auferstehung*

hinzugefügt. Eine Renaissance-Sandsteinkanzel (bezeichnet 1577) ist mit einem reich geschnitzten Schalldeckel (1624) überdacht, auf dem ein Schmerzensmann und Putten mit den Leidenswerkzeugen Christi zu sehen sind. Rings um den Chor sind mehrere figürliche Grabdenkmäler aus Sandstein erhalten, die zumeist von Meistern der Pirnaer Bildhauerschule – zum Teil von David Schwenke, dem Bruder Michael Schwenkes – stammen. Vor allem die Epitaphien für Rudolf von Bünau († 1615), Detlev von Wedelbusch († Ende 17. Jh.) und Pfarrer Johannes Simon († 1618) sind bemerkenswert. Eine runde Bronzeplatte für Rudolf von Bünau († 1615), Hans Hilger zugeschrieben, bezeichnet im Chorfußboden die Gruft.

Nach Liebstadt gelangt man von Pirna aus am günstigsten auf dem direkten Wege im Tal des Seidewitz-Baches, welches linkselbisch zwischen Bahra- und Müglitztal verläuft. Möchten Sie den Ausflug mit dem Besuch weiterer kulturhistorisch interessanter Ausflugsziele verbinden, so bietet sich der Weg über Heidenau, Dohna und Weesenstein oder über Friedrichswalde und Ottendorf an.

**Information**

Evangelische Gottesdienste in der Regel sonntags, 10 Uhr

Öffnungszeiten
Im Sommer von 8–18 Uhr geöffnet. Beim Wunsch nach Führungen bzw. Auskünften bitte im Pfarrhaus gegenüber klingeln.

Anschrift
Evangelische Kirche Liebstadt
Kirchplatz 1
01825 Liebstadt
Tel. (03 50 25) 5 07 54
www.kirche.liebstadt.de.vn

**Ev.-Luth. Kirche · Papstdorf**

*Weithin sichtbar steht die spätbarocke Papstdorfer Kirche auf einer kleinen Anhöhe nördlich über dem Ort: Der markante, wuchtige Turm mit seiner Haubenkrönung – »zur besseren Ansicht und Zierde« übrigens an die Ostseite der Kirche gestellt – prägt entscheidend ihr Bild. Mit ausgewogenen Proportionen fügt sich der schlichte Bau als harmonischer Akzent in die Landschaft ein.*

▲ *Altarraum der Kirche bei einem Konzert des Festivals »Sandstein & Musik«*

▼ *Klassizistischer Taufstein von 1837*

**Was lange währt, wird gut…**

Bereits im Mittelalter stand an der Stelle der jetzigen Kirche ein Vorgängerbau. Aus Beschreibungen ist ihr Bild überliefert; sie war ein kleines Kirchlein mit einem hölzernen Dachreiter, Anbauten für die Sakristei und ein Beinhaus sowie einer Außentreppe zur Empore. Schon bald nach dem Dreißigjährigen Krieg erwog man, anstelle dieser alten Kirche eine neue zu bauen, aber aber es fehlte noch lange Zeit an Geld. 1749 fasste man den Plan wieder ernsthaft ins Auge; doch es dauerte beinahe 40 Jahre, bis das neue Gotteshaus endlich stand. Immer wieder wurde der Bau hinausgezögert. Erst als Notreparaturen am einsturzgefährdeten alten Kirchlein nichts mehr nützten, entschloss man sich zum Neubau. Die bauliche Oberleitung oblag dem Amtsmaurermeister Johann Daniel Kayser aus Pirna, die Bauausführung erfolgte unter der Leitung von Maurermeister Reichert aus Königstein. Beide hatten sich in einem längeren Wettbewerb mehrmals um den Bau beworben, verschiedene Entwürfe eingereicht und einander in den Preisen zu unterbieten versucht, bis die salomonische Entscheidung gefällt wurde, beiden gemeinsam – mit der genannten Aufgabenteilung – den Bau zu übertragen und damit aus Rivalen Partner zu machen. Das Ergebnis gibt dieser Entscheidung recht. Nach dreijähriger Bauzeit konnte die neue Kirche am 9. Dezember, dem 2. Adventssonntag des Jahres 1787, eingeweiht werden. Erwähnenswert ist, dass zu diesem feierlichen Ereignis eine Kantate des Dresdner Kreuzkantors Gottfried August Homilius (1755–1785), eines der bedeutendsten Schüler Johann Sebastian Bachs, erklang. Das Werk für Solo, Chor und Orchester erhielt einen eigens für diesen Zweck unterlegten Text. Homilius wurde übrigens im nahegelegenen Rosenthal geboren, wo noch heute eine Gedenktafel an ihn erinnert.

**Schlichte Schönheit zwischen Spätbarock und Klassizismus**

Der saalartige Kircheninnere ist flach gedeckt, zweigeschossige Emporen, von sechs eleganten Holzpfeilern gestützt, gliedern die Seitenwände. Trotz des rechteckigen Grundrisses erweckt der Innenraum beim Blick zum Altar den Eindruck eines Ovals. Er rührt aus dem Verlauf der Emporenbrüstungen her, die sich in eleganten Rundungen vom letzten östlichen Pfeilerpaar bis zum Kanzelaltar schwingen und damit eine Zentralausrichtung des Gesamtraumes suggerieren. Damit führt der Bau Grundsätze protestantischer Kirchenarchitektur weiter, die schon von George Bähr vorgeprägt worden waren.

Die schlichte Schönheit des Innenraumes überrascht und nimmt gleichzeitig gefangen. Bänke, Emporenbrüstungen und Kanzelaltar sind holzsichtig und vermitteln mit Ihrer kräftigen Brauntönung eine gediegen-warme, beinahe wohnliche Atmosphäre. Sie waren übrigens zu keiner Zeit bemalt, was für den Spätbarock durchaus eine Seltenheit darstellt. Zu den wenigen Ausstattungsstücken gehört neben Leuchtern und Altarkreuz ein schöner klassizistischer Taufstein in Form eines hohen, kannelierten Kelches aus dem Jahre 1837. Die Orgel – eine gediegene Handwerksarbeit mit zwei Manualen und Pedalwerk – entstand 1845 und wird Wilhelm Leberecht Herbrig aus Langenwolmsdorf zugeschrieben.

Das Geläut der Kirche bestand ursprünglich aus drei Bronzeglocken – alle aus dem 18. Jahrhundert und Inschriften tragend. Die kleinste von ihnen – aus dem Jahre 1733 – wurde jedoch während des Zweiten Weltkrieges abtransportiert und eingeschmolzen. Die schöne Klang der großen und der mittleren Glocke (gegossen 1711 bzw. 1787) wird jedoch noch heute zu Gottesdiensten und Festtagen weit über Papstdorf hinausgetragen.

▲ *Blick zur Orgel*
▼ *Außenansicht von Nordwest*

**Die Papstdorfer Kirche ist am günstigsten mit dem Bus zu erreichen. Sowohl aus Richtung Königstein als auch aus Richtung Bad Schandau kommend, fährt man über Kurort Gohrisch und steigt an der Haltestelle »Erblehngericht Papstdorf« aus. Leider machen Lage und bauliche Gegebenheiten der Kirche den Besuch durch Körperbehinderte ohne größere Unterstützung sehr schwierig. Während des Sommerhalbjahres zwischen April und Oktober ist die Kirche in der Regel tagsüber für Andacht und Besichtigung geöffnet. Trifft ein Besucher doch einmal auf eine verschlossene Kirchentür, sollte er sich im Pfarramt (in unmittelbarer Nachbarschaft der Kirche) melden.**



**Evangelische Gottesdienste**
So. zu verschiedenen Zeiten

**Öffnungszeiten**
tagsüber in der Regel geöffnet

**Anschrift**
Ev.-Luth. Pfarramt der Kirchengemeinden Königstein und Papstdorf-Cunnersdorf
Goethestraße 22
01824 Königstein
Tel. (03 50 21) 6 82 86

# Ev.-Luth. Johanniskirche · Bad Schandau

*Die frühesten urkundlichen Erwähnungen von Schandau gehen auf die erste Hälfte des 15. Jahrhunderts zurück. Zu jener Zeit besaß das Städtchen bereits ein Gotteshaus, zunächst als Filialkirche von Lichtenhain. 1645 wurde dieser Kirche ein massiger, im Grundriss unten quadratischer, oben achteckiger Westturm angefügt, der von vornherein zugleich als Glockenturm und Fluchtstätte für die Bürger im Kriegsfall gedacht war. Zwischen 1668 und 1671 ersetzte man das alte Kirchenschiff durch ein neues in der jetzigen Größe.*

**Evangelische Gottesdienste**
**Sonntag 10 Uhr**

**Öffnungszeiten**
**täglich geöffnet**

**Anschrift**
**Dampfschiffstraße 1**
**01814 Bad Schandau**
**Tel. (03 50 22) 4 23 96**

**Renaissance-Meisterwerk aus Dresdner Kreuzkirche**

Bei einem Stadtbrand im Jahre 1694 wurde jedoch auch die Kirche zu großen Teilen zerstört, so dass das Schiff wiederum neu aufgebaut werden musste (1704 bis 1709). Dabei wurden die Sandsteinquader-Mauern durch Stützpfeiler verstärkt, und der Turm erhielt seine charakteristische laternenbekrönte Barock-Haube (1711). In den Jahren 1876/77 erfuhr der Bau – diesmal im Inneren – nochmals eine grundlegende Umgestaltung. Auf diese Zeit gehen die hölzerne Kassettendecke, die einstöckigen Emporen und die farbigen Fenster im Altarraum zurück.

Das wertvollste Ausstattungsstück der Kirche ist ihr zweigeschossiger Renaissance-Altar aus Sandstein. Von Hans Walther II, Dresden, 1574–79 ursprünglich für die Dresdner Kreuzkirche geschaffen, wurde er nach deren Zerstörung im Siebenjährigen Krieg (1760) abgetragen und zunächst in die Dresdner Annenkirche umgesetzt, wo er bis 1902 stand. Seit 1927 befindet er sich in der Johanniskirche Bad Schandau. In seinem Hauptgeschoss zeigt ein Relief das Abendmahl, darunter – in der Verkleidung des Altartisches – das jüdische Passamahl. Im Auszug ist über den Gesetzestafeln der Gekreuzigte dargestellt. Seitlich finden sich Engel mit den Marterwerkzeugen und die Evangelisten; im Giebel Gottvater und die Heiliggeist-Taube. Das Werk ist bekrönt mit der Figur des auferstandenen Christus. – Zwei weitere wertvolle Kunstwerke sind die reich skulptierte hochbarocke Sandsteinkanzel und die mittelalterliche Holzfigur eines Christus in der Rast (um 1500).

*▲ Altar (Hans Walther II, 1574–79)*
*▼ Blick von der Elbe auf Bad Schandau*

▲ *Außenansicht* ▼ *Glasfenster, Detail*

*Im Kurort Bad Schandau befindet sich seit 1927 eine eigene katholische Pfarrei. Am ersten Juni jenes Jahres wurde die Kapelle der Gemeinde durch Bischof Schreiber gesegnet. Von 1932 bis 1948 waren die Pfarreien von Bad Schandau und Königstein miteinander vereinigt; nach 1988 wurde Königstein als selbständige Pfarrei zeitweilig durch den Pfarrer von Bad Schandau mit verwaltet.*

## Gotteshaus im St. Petersburger Villenstil

Die katholische Kirche in Bad Schandau steht malerisch am Fuße des bewaldeten rechtselbischen Hanges; in ihrer unmittelbaren Nähe befinden sich das Parkhotel – einst das Kurhaus des sächsischen Königs – und der historische Personenaufzug nach Ostrau. Das zweigeschossige Gebäude wurde in dem typischen klassizistischen Stil der Villen im St. Petersburg des 19. Jahrhunderts errichtet. Seine der Straße zugewandte Fassade ist durch zwei Stützenreihen schön gegliedert – im Erdgeschoss mit Pfeilern und Rundbögen, im ersten Stock durch ionische Säulen, die ein Gesims mit einem flachen Dreiecksgiebel tragen. Ursprünglich hatte das Gebäude russischen Diplomaten als Unterkunft gedient, die während sommerlicher Kuraufenthalte des sächsischen Königs in Bad Schandau in der Nähe des Monarchen weilten. Als die Villa nach dem Ende des ersten Weltkrieges für diese Nutzung nicht mehr benötigt wurde, kaufte die katholische Gemeinde 1924 das Objekt für 32000 Reichsmark. Noch im gleichen Jahr feierte sie in der »Marienkapelle« ihre erste Heilige Messe. 1966 wurde der Gottesdienstraum erweitert, so dass heute 80 Gläubige hier zum Gottesdienst zusammenkommen können. Von der Ausstattung sind vor allem das Altarkreuz und zwei Heiligenstatuen in der Taufkapelle (20. Jh., Oberammergau) zu erwähnen.

**Katholische Gottesdienste**
**laut Aushang – in der Regel**
**Sa. 17 Uhr, So. 9.30 Uhr**

**Öffnungszeiten**
**Eingang im Pfarrhaus. Bitte klingeln – im Sommer ist der Vorraum geöffnet. Gern wird Ihnen der Pfarrer die kleine Kapelle erklären.**

**Anschrift**
**Kath. Pfarramt St. Marien**
**Bad Schandau**
**Rudolf-Sendig-Straße 19**
**Tel./Fax: (03 50 22) 4 24 31**

# Ev.-Luth. Kirche · Reinhardtsdorf-Schöna

*Bereits im 14. Jahrhundert existierte in Reinhardtsdorf eine kleine Kirche, von der jedoch nichts erhalten geblieben ist. Die heutige Kirche geht in ihrem Mauerwerk im wesentlichen auf einen Bau des 15./16. Jahrhunderts zurück, welcher jedoch zwischen 1675 und 1689 barock überformt und erweitert wurde. Aus dieser Umbauperiode stammen im Äußeren insbesondere das reich geschmückte Westportal mit Engelfiguren (Heinrich Weingarten, Pirna, 1675) und der Dachreiter mit Haube, Laterne und Zwiebel über dem Westgiebel (1688).*

**Evangelische Gottesdienste**
Sonntag 10 Uhr

**Öffnungszeiten**
nach Absprache


**Anschrift**
Am Viehbigt 78
01814 Reinhardtsdorf
Tel. (03 50 28) 8 03 06

▲ *Blick in den Chorraum (Altar 1681, Kanzel 1615, Emporenmalereien 1711)*
▼ *Flügelaltar von 1521*

## Biblische Geschichte in leuchtenden Farben

Betritt man das Innere der Saalkirche, ist man überwältigt von der umgebenden Farbenpracht. Sowohl die hölzerne Flachdecke als auch die Emporenbrüstungen und die Türen des Gestühls sind mit Malereien geschmückt, wodurch das Innere einen anziehend-einheitlichen Gesamteindruck vermittelt. Als Schöpfer dieser Malereien sind Gottfried Scheucker und Johann Georg Walter namentlich bekannt; ein Datum an der Decke weist auf das Vollendungsjahr 1711 hin. Die Gemälde an der oberen Empore zeigen – beginnend mit der Schöpfungsgeschichte – Episoden aus dem Alten Testament, die an der unteren Empore beziehen sich auf das Neue Testament. An der Holzdecke über dem Altar ist die Heilige Dreifaltigkeit dargestellt; im Westteil über der Orgel das Jüngste Gericht. Der viergeschossige barocke Altar entstand zwischen 1681 und 1684. Die in ihn integrierten Gemälde stellen das Abendmahl, die Kreuztragung und die Kreuzigung dar; als Bekrönung schmückt ihn die Schnitzskulptur des auferstandenen Christus mit der Siegesfahne. Das Retabel des früheren Hauptaltars – ein spätgotischer Schnitzaltar (bez. 1521, heute an der Südseite) – zeigt im Schrein die geschnitzte und farbig gefasste Skulpturengruppe der Hl. Anna Selbdritt; die Flügel tragen auf ihren Innenseiten Heiligenreliefs (Wenzel und Veit bzw. Martin und Nikolaus), außen Gemälde (Kaiser Heinrich d. Hl. und St. Wolfgang). Die Orgel von Hermann Eule, Bautzen (zweimanualig, 14 Register), wurde 1911 in ein verbreitertes barockes Gehäuse eingebaut.

# Ev.-Luth. Kirche · Cunnersdorf bei Königstein

## Kunstwerke aus Vorgängerbau übernommen

Ist das Äußere der Cunnersdorfer Kirche vor allem durch neoromanische Stilformen bestimmt, so besitzt ihr Inneres Anklänge an die Zeit des Spätbarocks bzw. Frühklassizismus. Besonders der schlichte Kanzelaltar und die zweigeschossigen Emporen an den Längsseiten der Kirche stützen diesen Eindruck. Aus dem Vorgängerin der heutigen Kirche, einem Renaissancebau von 1604, stammt das Gemälde mit einer figurenreichen Kreuzigungsszene. Es entstand 1666 und bildete die Haupttafel des Altarretabels; jetzt ist es hinter dem Altar aufgestellt. Ein zweites Gemälde des genannten Altars mit der Grablegung Christi ist heute an der Nordwand der Kirche angebracht.
Die Orgel, ein zweimanualiges Instrument mit 17 Registern, wurde von Orgelbaumeister Karl August Schröter aus Pirna geschaffen.

▲ *Grablegung (ehemalige Bekrönung eines Altars von 1666)*
▼ *Blick auf Cunnersdorf*

*Die Kirche von Cunnersdorf ist eine Filialkirche von Papstdorf. Sie wurde in ihrer heutigen Form in den Jahren 1854/55 vom Maurermeister Oskar Hofmann aus Königstein errichtet, welcher ein Jahr später auch die nahegelegene Rosenthaler Kirche erbaute. Sie ist eine schlichte Saalkirche mit Westturm und Sakristei. Das Langhaus ist verputzt und besitzt hohe Rundbogenfenster mit Maßwerk, der Turm mit einem Spitzhelmdach besteht aus Sandsteinquadern.*

**Evangelische Gottesdienste**
**in der Regel 14-tägig sonntags**

**Öffnungszeiten**
**zu den Gottesdiensten, sonst auf Anfrage**

**Anschrift**
**Ev.-Luth. Pfarramt der Kirchengemeinden Königstein und Papstdorf-Cunnersdorf**
**Goethestraße 22**
**01824 Königstein**
**Tel. (03 50 21) 6 82 86**

# Ev.-Luth. Kirche · Rosenthal

*Rosenthal wurde wahrscheinlich bereits im Zuge der Besiedlung der Region Ende des 12./Anfang des 13. Jahrhunderts gegründet. Die erste Erwähnung einer Rosenthaler Kirche – St. Gallus geweiht – stammt von 1356. Sie unterstand dem Patronat des Erzbistums Prag; Patronatsrecht besaß der Deutschritterorden. Erst 1503 kam das Gebiet um Rosenthal durch Landtausch zu Sachsen. 1856 wurde die 500-jährige St.-Gallus-Kirche wegen Baufälligkeit abgetragen.*

**Evangelische Gottesdienste**
Informationen im Schaukasten bzw. Kircheneingang

**Öffnungszeiten**
täglich 12–18 Uhr,
im Winterhalbjahr bis zum Einbruch der Dunkelheit

**Anschrift**
Ev.-Luth. Pfarramt
Kirchgasse 1
01824 Rosenthal-Bielatal
Tel. (03 50 33) 7 13 13
Im Pfarrhaus befindet sich gleichzeitig das Rüstzeitheim Reimer Mager.

## Beeindruckender Kruzifix

Die neue Kirche, ein verputzter Bau mit gerade geschlossenem Chor und niedrigem Satteldach, wurde in einer Bauzeit von nur sechs Monaten noch im gleichen Jahr durch Maurermeister Oskar Hofmann aus Königstein errichtet. Sie entstand als schlichte Saalkirche in vorwiegend neoromanischem Stil. Ihr im Grundriss quadratischer Turm (im Glockengeschoss mit abgeschrägten Ecken) ist von einem langgezogenen, spitzen Faltdach gekrönt. Das Äußere der Kirche ist in schönen Proportionen gegliedert; an der Nord- und Südseite kommen die hohen Rundbogenfenster, das Gurtgesims und die Lisenen auf hellem Grund gut zur Geltung.
Im Kircheninneren sind an der Nord- und Südseite zweigeschossige Emporen eingebaut; an der Ostseite befindet sich eine Orgelempore. Die Orgel, ein zweimanualiges Instrument mit 14 Registern (um 1856 von Eduard Offenhauer, Delitzsch), wurde klanglich mehrfach verändert. Ende der siebziger Jahre erfolgte eine gründliche Renovierung der Kirche; dabei wurde 1979 der Kanzelaltar abgetragen und durch eine Altarmensa aus Sandstein sowie einen seitlich gestellten, nur wenig erhöhten hölzernen Kanzelambo ersetzt. Beherrschender Schmuck des Altarraumes ist ein großer, etwa vier Meter hoher Kruzifix mit einem qualitätvollen Korpus unbekannter Herkunft aus vorreformatorischer Zeit. Einziges Stück aus der alten Kirche ist ein »Segnender Christus«, der seit 1993 seinen Platz an der Orgelempore fand.

Im Rosenthaler Pfarrhaus wurde 1714 der ehemalige Kreuzkantor und Kirchenkomponist Gottfried August Homilius, ein Schüler Johann Sebastian Bachs, geboren.

▲ *Segnender Christus (an der Orgelempore)*
▼ *Altarraum mit spätgotischem Kruzifix*

▲ *Blick auf Stadt und Festung Königstein*
▼ *Klassizistischer Ädikula-Kanzelaltar und Taufstein*

**Außen barock, innen klassizistisch**

In der Zeit von 1811 bis 1823 wurde die Kirche wiedererrichtet, wobei Außenmauern und Turm im wesentlichen ihre ursprüngliche Gestalt behielten, das Innere jedoch dem neuen, klassizistischen Zeitgeschmack entsprechend gestaltet wurde. Das Gebäude ist als Saalkirche mit 5/8-Chorschluss konzipiert. Über beide Längsseiten erstrecken sich zweistöckige Emporen. Der klassizistische Kanzelaltar aus Sandstein ist dem Eingang eines griechischen Tempels nachempfunden: vier hohe ionische Säulen tragen ein Gebälk mit einem Dreiecksgiebel. Der Giebel trägt ein altes christliches Symbol: Das Dreieck steht für die göttliche Dreieinigkeit von Vater, Sohn und Heiligem Geist, das Auge in ihm versinnbildlicht die Allgegenwart Gottes.
Der Taufstein in der Mite des Altarplatzes besteht aus Zöblitzer Serpentin, einem edlen, dunklen Stein mit eingeschlossenen Granatkristallen. Die Jehmlich-Orgel der Kirche wurde 1848 als zweimanualiges Instrument mit 26 Registern errichtet, später aber umgebaut und um ein Rückpositiv erweitert; das ursprüngliche Gehäuse blieb jedoch erhalten. – Seit 1992 wird die Kirche grundlegend saniert. Vieles ist bereits erreicht: Die Turmdachhaut und die Fenster wurden völlig erneuert, das Kirchendach an der Nordseite neu gedeckt, der Glockenstuhl saniert und verfestigt, neue Bankheizungen eingebaut und Dach und Loge des Sakristeianbaus instandgesetzt. In den nächsten Jahren wird der Innenraum restauriert und weitgehend in seinen Urzustand von 1823 zurückversetzt werden.

*Die Stadtkirche von Königstein beherrscht durch ihre Lage auf dem Schreiberberg inmitten des Städtchens das Ortsbild und ist mit ihrem hohen Dach weithin sichtbar. Ihr Äußeres ist vor allem durch den Barock geprägt; es entstand nach Plänen des Dresdner Baumeisters Johann Christian Fehre und des Hofzimmermeisters Georg Dünnebier – beides Mitarbeiter George Bährs – in den Jahren von 1720 bis 1724. Leider brannte diese Kirche 1810 bei einer Feuersbrunst, welche große Teile der Stadt erfasst hatte, aus.*

**Evangelische Gottesdienste**
**sonntags 10.30 Uhr**

**Öffnungszeiten**
**Mai–Oktober**
**täglich 9–18 Uhr**

**Anschrift**
**Ev.-Luth. Pfarramt**
**Goethestraße 22**
**01824 Königstein**
**Tel. (03 50 21) 6 82 86**

# Garnisonskirche St. Georg · Festung Königstein

*Die Baugeschichte der ältesten Garnisonskirche Sachsens lässt sich bis in das 13. Jahrhundert zurückverfolgen. Zu dieser Zeit befand sich auf dem Plateau des Königsteins eine Burg des böhmischen Königs, zu der die dem heiligen Georg geweihte Kapelle gehörte. Sie wurde als romanische Chorquadratkirche errichtet. Neben dem bis heute kaum veränderten Grundriss belegen Architekturdetails wie der Altarraum mit seinen Gurtbögen und dem Chorfenster sowie das Tympanon des 1992 freigelegten Südeingangs ihr Alter.*

**Evangelische Gottesdienste**
**siehe Aushang**

**Öffnungszeiten**
**April – Sept., Adventswochenenden 10–18 Uhr, Okt. 9–17 Uhr**
**Mai – Okt. u. Advent: sonntags 15 Uhr »Sonntagsmusik in der Garnisonskirche« (Orgelkonzertreihe)**

**Anschrift**
**Festung Königstein**
**Betriebs-GmbH**
**01824 Königstein**
**Tel. (03 50 21) 64-607**

▲ *Außenansicht von Nordwesten*
▼ *Kassettendecke, 17. Jh.*

**Schmiede, Brauhaus, Kinosaal...**

Ihre heutige Gestalt erhielt die Kirche im Laufe der Jahrhunderte durch eine Reihe von Umbauten. Zwischen 1516 und 1524 diente sie Cölestinermönchen als Klosterkirche. In der zweiten Hälfte des 16. Jahrhunderts verfiel die Kirche durch Zweckentfremdung zusehends. Eine Zeit lang befand sich in ihr eine Schmiede für die Brunnenbauer. Danach wurde sie als Brauhaus und später als Pulvermagazin genutzt. Mit dem Ausbau des Königsteins zur Landesfestung brachen jedoch wieder bessere Zeiten für sie an. Die Garnison brauchte ein Gotteshaus, und so wurde die Kirche ab Mitte des 17. Jh. renoviert, bis sie in Anwesenheit des Dresdner Hofes am 16.10.1676 als St.-Georgs-Kapelle neu geweiht werden konnte. Mit der Errichtung des Turmes durch Oberlandbaumeister Wolf Caspar von Klengel erhielt der Bau 1681 im wesentlichen sein heutiges Aussehen. Lange Zeit erfuhr die Kirche keine grundlegenden Umbauten mehr. Doch in den Jahren nach dem Zweiten Weltkrieg, als sich in der Festung zunächst ein russisches Lazarett und später ein Jugendwerkhof befand, wurden Altar, Kanzel, Orgel und Gestühl zerstört und der Kirchenraum als Kinosaal genutzt. Später fehlten dann die Mittel zur Restaurierung, bis 1992 endlich mit der Sanierung begonnen werden konnte. Am 21. Juni 2000 wurde die Kirche in neuem Glanz geweiht: mit wiederhergestellter Außenfasade, der restaurierten Kassettendecke eines unbekannten Künstlers aus dem 17. Jh., ihrem Taufstein von 1769, einer rekonstruierten Kanzel und einer neuen Orgel der Firma Jehmlich (zwei Manuale, 16 Register).

# Kath. Pfarrkirche St. Marien · Königstein

*Seit 1878 existiert in Königstein eine katholische Gemeinde; zunächst als Filiale von Pirna (mit einer Außenstelle in Krippen). Während der ersten Jahre ihres Bestehens feierte sie ihre Gottesdienste in einer Kapelle auf der Festung. Um eine eigene Kirche zu erhalten, erwarb man 1906 für 11500 Reichsmark das Pfarrgrundstück. Vier Jahre später fand die Grundsteinlegung statt, und 1912 weihte Bischof Dr. Alois Schäfer die Kirche ein.*

**Katholische Gottesdienste in der Regel So., 9.15 Uhr, an sehr kalten Tagen im Pfarrsaal. Konkrete Termine laut Aushang**

**Öffnungszeiten**
**Im Sommerhalbjahr ist der Vorraum der Kirche in der Regel geöffnet. Ansonsten erbitten Sie sich im Pfarrhaus den Schlüssel.**

**Anschrift**
**Kath. Pfarramt St. Marien**
**Bielatalstraße 36**
**01824 Königstein**
**Tel. (03 50 21) 6 85 80**

### »Thronende Maria« im Beuroner Stil

Der einschiffige Bau mit eingezogenem Chor weist im wesentlichen neoromanische Stilelemente auf.
Drei schöne, farbige Glasfenster im Schiff zeigen den Heiligen Joseph mit dem Christuskind, die Heilige Anna mit Maria als Kind und den auferstandenen Jesus; sie stehen – wie Inschriften zeigen – in engem Zusammenhang mit der Geschichte dieser Kirche und ihrer »Gründer«. Die drei farbigen Altarfenster sind jüngeren Ursprungs; sie wurden 1964 von Alfons Garn, Dresden, geschaffen. Das mittlere von ihnen stellt eine Rose dar – als Symbol der Gottesmutter Maria, der Patronin der Kirche.
Die Orgel der Kirche (zweimanualig, sechs Register) ist aus dem Jahre 1911; sie stammt aus der Werkstatt der Gebrüder Jehmlich, Dresden. Besondere Beachtung verdient ein Bild im Beuroner Stil. Es stellt die thronende Madonna mit Kind dar und wurde von Anna Maria Freiin von Oer (1846–1929) gemalt, einer Künstlerin, deren Werke sich u. a. auch im Besitz der Staatlichen Kunstsammlungen Dresden befinden. Es war dem »Helfer und Pastor Kneipp« gewidmet und kam aus Gößweinstein nach Königstein – vielleicht, weil Frau von Oer mit einem der letzten königlichen Kommandanten der Festung Königstein verwandt war...

▲ *Fenster im Kirchenschiff (Anfang 20. Jh.)*
▼ *Chorraum mit farbigen Altarfenstern von Alfons Garn (1964)*

# Ev.-Luth. Pfarrkirche · Struppen

*Die Struppener Kirche ist ein schönes Beispiel für die harmonische Integration von Elementen verschiedener Stilepochen in einen Bau. Ursprünglich in der 2. Hälfte des 13. Jahrhunderts errichtet, erfuhr sie im Laufe der Jahrhunderte eine Reihe von Veränderungen und Ergänzungen, welche bis heute ihr Bild prägen. So ist das Kreuzrippengewölbe des Chors gotisch, der südliche Anbau vor dam Hauptportal mit seinem Volutengiebel zeigt Renaissanceformen (um 1600), andere Bauteile stammen aus dem Barock bzw. dem 19. Jahrhundert.*

**Evangelische Gottesdienste**
**Sonntag 9 Uhr**

**Öffnungszeiten**
**täglich geöffnet**
**Seit 10 Jahren finden zu Pfingsten und zum Erntedankfest Konzerte statt, bei dem Dresdner Künstler gemeinsam mit der wertvollen Orgel musizieren.**


**Anschrift**
**Ev.-Luth. Pfarramt**
**Kirchberg 1, 01796 Struppen**
**Tel. (03 50 20) 7 05 85**

▲ *Außenansicht von Süden*
▼ *Epitaph General von Bolberitz († 1760)*

**Bauteile aus romanischer Zeit**

Das Rittergeschlecht, dessen Stammsitz Struppen im Mittelalter war, wurde bereits 1275 urkundlich erwähnt, und es wird davon ausgegangen, dass damals bereits eine Kirche im Ort existierte. Da das Dorf bis 1408 zu Böhmen gehörte, stand diese Kirche zunächst unter dem Patronat des Deutschritterordens. Von dem spätromanischen Bau zeugen bis heute der quadratische Chor, der Triumphbogen, die Sakristei, das Südportal und eine Chorpforte mit dem Symbol des Deutschritterordens im Schlussstein. Gegen Ende des 17. Jahrhunderts wurde der Turm über dem Chor um ein achteckiges Geschoss erhöht, welches eine Bekrönung durch eine geschweifte Haube mit Laterne und Zwiebel erhielt. Während der Barockzeit stattete man den Kirchensaal mit Emporen aus: im Süden und Westen zweigeschossig, im Osten eingeschossig. Auch zwei Epitaphien (Pfarrer Alardus, † 1689, und Generalmajor von Bolberitz, † 1760) sind dieser Stilepoche zuzuordnen.

Von der Ausstattung der Kirche ist vor allem die Orgel erwähnenswert; das einmanualige Instrument mit 13 Registern wurde 1668 – vermutlich vom Königsteiner »Orgelmacher« Christian Frietzsche (1638–1680) – erbaut und ist damit die älteste Orgel in der Sächsischen Schweiz. Altar und Kanzel der Kirche in Neorenaissanceformen stammen aus dem 19. Jahrhundert; der Taufstein zeigt eine klassizistische Gestaltung.

## Vortreffliche Decken- und Emporenmalereien

Die schlichte Saalkirche mit einem dachreitergeschmückten Krüppelwalmdach ist ein äußerlich eher unscheinbarer Bau. Seit ihrer kürzlich abgeschlossenen Sanierung, die durch umfangreiche Fördermittel und Zuwendungen privater Spender, z. B. des Vereins »Sandstein & Musik«, möglich wurde, erstrahlt sie jedoch in frischem Glanz. Ihr Inneres wird wesentlich bestimmt durch eine spätbarock-klassizistische Ausgestaltung mit sehr schönen Decken- und Emporenmalereien, welche seit 1865 unverändert erhalten blieb. An der Nord- und Westwand sowie im Altarraum befinden sich zweigeschossige Emporen. Eine Patronatsloge trägt die Allianzwappen der Herren von Kospoth und Sebottendorf. Der Altar – vermutlich noch aus vorreformatorischer Zeit stammend – wurde später umgebaut und trägt heute ein Gemälde mit der Einsetzung des Abendmahls, welches 1595 vom Pirnaer Maler Hans von Kaden geschaffen wurde. Die Kanzel ist barock (um 1700); ihre Bemalung wurde jedoch der von 1865 angepasst. Die derb-gedrungene Sandsteintaufe stammt wohl noch aus dem mittelalterlichen Vorgängerbau der Kirche; zwei Taufschalen aus Zinn und aus Silber mit eingravierten Inschriften wurden 1794 bzw. 1895 gestiftet. Die Orgel (einmanualig, elf Register), von Wilhelm Leberecht Herbrig 1846 ursprünglich für Helmsdorf erbaut und 1971 nach Langenhennersdorf versetzt, fügt sich mit ihrem klassizistischen Prospekt gut in die Emporengestaltung ein.

▲ *Grisaillemalerei am Brüstungsfeld einer Empore*
▼ *Altarraum*

*Die heutige Langenhennersdorfer Kirche entstand 1495 als Nachfolgerin einer mittelalterlichen Margaretenkirche, die noch dem Erzbistum Prag unterstanden hatte; Patronatsherr war bis zum Beginn des 15. Jahrhunderts der Deutschritterorden gewesen. Von diesem ersten, spätromanischen Bau stammen noch einige Teile der Umfassungsmauern sowie ein gestuftes Rundbogenportal. Beim Umbau in spätgotischer Zeit wurde die Kirche Maria, Nikolaus und Martin geweiht.*

**Evangelische Gottesdienste**
sonntags,
in der Regel 10 Uhr

**Öffnungszeiten**
Schlüssel im Pfarrhaus
unterhalb der Kirche;
telefon. Anmeldung günstig

**Anschrift**
Ev.-Luth. Kirchgemeinde
Am Berg 1
01819 Langenhennersdorf
Tel. (03 50 32) 7 13 23

# Ev.-Luth. St.-Petri-Kirche · Bad Gottleuba

*Während des Mittelalters gehörte die christliche Gemeinde in Gottleuba zur Erzdiözese Prag; erst 1425 fiel das Kirchenpatronat – gleichzeitig mit der Eingliederung des Ortes in den Lehensbesitz der Wettiner – an die Markgrafen von Meißen. Die Grenzlage Gottleubas und die vorbeiführende Handelsstraße nach Böhmen dürften schon frühzeitig den Anlass zum Bau einer schützenden Wehranlage gegeben haben, wofür sich die Spornlage des heutigen Kirchplatzes mit seinen Steilabfällen besonders anbot.*

**Evangelische Gottesdienste**
**Zeiten lt. Aushang bzw. Stadtanzeiger-Veröffentlichungen**

**Öffnungszeiten**
**nur zu den Gottesdiensten (ggf. Vermittlung von Besichtigungen durch das Pfarramt in Berggießhübel)**

**Anschrift**
**Ev.-Luth. Pfarramt der Kirchgemeinde Bad Gottleuba – Markersbach – Oelsen**
**Pfarrweg 2**
**01819 Berggießhübel**
**Tel. (03 50 23) 6 24 77**

## Alte Burgenreste einbezogen

Zu Beginn des 16. Jahrhunderts – der Eingang zum Turm trägt die Jahreszahl 1506 – erfolgte der Umbau der Reste dieser Anlage aus dem 13. Jahrhundert zur Kirche. Noch heute ist am Bau die Einbeziehung von Teilen der ehemaligen Burg gut erkennbar. Von außen wird dies am deutlichsten durch die weitgehend erhaltene Ringmauer (die ursprünglich noch einen Wehrgang getragen haben muss) sowie den Unterbau des Kirchturmes, der in einer ungewöhnlichen Winkellage neben des Südwestecke des Kirchenschiffes steht und in seinen unteren Geschossen Schießscharten besitzt. Auch der quadratische Chor mit seinen dicken Mauern ist wohl noch auf die mittelalterliche Burganlage zurückzuführen, wo er vermutlich bereits als Burgkapelle gedient hat. Von 1524 bis 1527 entstand das dreijochige Kirchenschiff mit seinem schönen spätgotischen Gewölbe und den Maßwerkfenstern, etwas später fügte man in die Nordseite des Altarraumes ein reich mit Astwerk verziertes Renaissanceportal ein. Obergeschoss und Haube des Glockenturmes wurden ab 1790 in spätbarocken Formen errichtet. Im Inneren der Kirche sind vor allem die Malereien in den Gewölbefeldern des Chors bemerkenswert, die der Cranach-Schule zugeschrieben werden und neben den Symbolen der vier Evangelisten verschiedene biblische Figuren zeigen, darunter viermal den Namenspatron der Kirche, St. Petrus. Altartisch, Kanzel und Taufstein sind neugotisch und stammen aus dem 19. Jahrhundert. Die Orgel der Fa. Jehmlich, Dresden (zweimanualig, 16 Register), wurde in das erhaltene Gehäuse ihrer barocken Vorgängerin eingebaut.

▲ *Außenansicht*
▼ *Gewölbemalerei im Chor (Detail)*

## Straßengiebel als »Himmelspforte«

Die Möglichkeit zum Bau einer zeitgemäßen, würdigen Kirche ergab sich durch Mittel, die Anfang der neunziger Jahre durch die Erzdiözese Freiburg bereitgestellt wurden. 80 % der notwendigen Kosten konnten dadurch getragen werden, die restlichen 20 % trugen Spenden und Eigenleistungen aus der Gemeinde bei. Am 10. Dezember 1992 erfolgte die Grundsteinlegung für das Gebäude, das nach Plänen von Architekt Hubert Paul und Ordinariatsrat Johannes Hübner entstand. Nach weniger als einem Jahr Bauzeit konnte die Kirche durch Erzbischof Dr. Oskar Saier aus Freiburg im Breisgau feierlich geweiht werden.

Das äußere Bild der St.-Antonius-Kirche wird von ihrem mächtigen, auf Leimbindern ruhenden Satteldach geprägt, welches wie eine überdimensionale Schutzhütte das Gelände beherrscht. Die Dachkonstruktion wird von einem freistehenden Glockenturm überspannt.

Auf die Bedeutung des Hauses weist ein vergoldetes Stahlkreuz hin. Der Straßengiebel der Kirche wirkt wie ein einziges Portal; er symbolisiert eine »porta coeli«, eine Himmelspforte.

Das Innere der Kirche ist auf den Altar aus heimischem Sandstein ausgerichtet. Ein Kreuzweg stammt von Wolfram Hänsch aus Meißen. Das Altarbild (Giovanni Antonio Pellegrini, 1720) ist eine Leihgabe aus der Schlosskapelle Pillnitz.

▲ *Altarbild von Giovanni Antonio Pellegrini (1720)*
▼ *Außenansicht*

*Am 14.11.1924 fand in Berggießhübel erstmals wieder ein katholischer Gottesdienst statt, doch die dafür eingerichtete Kapellenstube wurde bereits knapp drei Jahre später – in der Hochwasser-Unglücksnacht vom 8. zum 9 Juli 1927 – ein Opfer der Fluten. An sicherer Stelle – dem Standort der heutigen Kirche – weihte man 1928 eine schlichte Holzkapelle ein, die der Gemeinde bis 1992 als Gotteshaus diente.*

**Katholische Gottesdienste**
**sonntags 8.15 Uhr**

**Öffnungszeiten**
**Besichtigung nur während der Gottesdienste möglich**

**Anschrift**
**Siedlung 10**
**01819 Kurort Berggießhübel**
**Tel. (0 35 01) 5 71 01 64**

## Ev.-Luth. Kirche · Döbra

*Die evangelische Pfarrkirche von Döbra ist eine kleine, auf einer Anhöhe gelegene Saalkirche. Sie wurde wohl bereits im 14. Jh. erbaut; die Gruppe der drei schmalen, lanzettförmigen Fenster an ihrer Ostseite dürfte noch aus dieser Zeit stammen. 1592 wurde im Westteil eine Empore eingebaut und weitere Fenster an den Seitenwänden ausgebrochen. Im 18. Jh. nahm man nochmals Umbauten vor; so ersetzte man den gotischen Flügelaltar durch einen barocken Kanzelaltar.*

**Evangelische Gottesdienste**
**Bitte im Aushang informieren**

**Öffnungszeiten**
**Im Pfarrhaus Döbra bei Frau Dr. Simon klingeln, Tel. (03 50 25) 5 03 87, und eine Führung vereinbaren bzw. im Pfarrhaus Liebstadt, Kirchplatz 1, melden**

**Anschrift**
**Ev. Kirche Döbra über:**
**Ev.-Luth. Pfarramt**
**Kirchplatz 1, 01825 Liebstadt**
**Tel. (03 50 25) 5 07 54**

### Mittelalterliche Wandmalereien

Bei Sanierungsarbeiten im Jahre 1981 entdeckte man einen ganz besonderen Schatz: Wandmalereien vom Anfang des 15. Jahrhunderts, wie sie in dieser Region einzigartig sind. Die Gemälde befinden sich an der Nord- und Südwand der Kirche und wurden zwischen 1987 und 1994 nach jahrhundertelangem Dornröschenschlaf unter dicker Tünche den Heiligen Georg. Im »Handbuch der deutschen Kunstdenkmäler« (DEHIO) wird die »für die Zeit ungewöhnliche, sehr differenzierte Charakterisierung der gezeigten Personen« hervorgehoben.

Mit einem lebensgroßen spätgotischen Kruzifix aus der Zeit um 1500 (Herkunft unbekannt), welches jüngst restauriert und im Altarraum aufgestellt wurde, besitzt die Kirche ein weiteres beeindruckendes mit-

▲ *Außenansicht*
▼ *Mittelalterliche Wandmalereien (Detail)*

wieder freigelegt. In einzelnen, durch rote Umrahmung voneinander getrennten Feldern zeigen sie eine monumentale Christophorus-Darstellung, 18 vollständige und einige fragmentarische Bilder zu Szenen der Lebens- und Passionsgeschichte Christi – darunter eine große Kreuzigung – sowie sechs Bilder zu Legenden um telalterliches Kunstwerk. Auch die drei Glocken (1415, 1564 und 1686) haben bereits ein ehrwürdiges Alter; wie durch ein Wunder entgingen sie dem im letzten Krieg beabsichtigten Einschmelzen. Der schöne barocke Orgelprospekt stammt aus der Dörnthaler Kirche und beherbergt heute eine Jahn-Orgel von 1925.

## Kunstwerke aus Renaissance und Barock

Gegen Ende des 16. Jahrhunderts stiftete der damalige Herr des Ottendorfer Schlosses, Hans von Lindenau, die Erneuerung des Kirchenschiffes und wichtiger Ausstattungsstücke der Kirche. Aus dieser Zeit stammen die von Franz Ditterich d. Ä. geschnitzten Reliefs des wohlproportionierten, dreigeschossigen Renaissancealtars von 1591 (Abendmahl, Kreuzigung, Auferstehung Christi) und der Kanzel, ebenfalls aus dem Jahre 1591 (Himmelfahrt Christi, Pfingsten, Bekehrung des Paulus, Weltgericht). Als bedeutendster beweglicher Kunstschatz der Kirche gilt ein von Lucas Cranach d. J. gemaltes Porträt des Hans von Lindenau, welches heute in der sogenannten Gersdorfer Loge seinen Platz hat.
Von der Zeit des Barocks (1723 und 1748) künden vier prächtige Epitaphien für Mitglieder der Familie von Carlowitz, geschmückt mit Figuren der Tugenden. Auch das Gehäuse der kleinen Orgel (zweimanualig, elf Register) ist im wesentlichen barock; das ursprüngliche Orgelwerk wurde jedoch um 1900 durch ein neues ersetzt. Die Brüstungen der Emporen im Kirchensaal sind mit in Gelb und Rot gehaltenen Malereien biblischer Szenen in Medaillonform versehen (Ende 17. Jh.). Der schlichte Taufstein zeigt klassizistische Formen. In einer letzten größeren Umbauphase erhielt die Kirche um 1900 an der Nordseite im Winkel zwischen Schiff und Chor einen neuen, wuchtigen Turm mit einer spitzen Haube.

▲ *Mittelfeld des Renaissancealtars (1591)*
▼ *Außenansicht, Chor*

# Ev.-Luth. Kirche · Ottendorf

*Etwa acht Kilometer südlich von Pirna, zwischen Kurort Berggießhübel und Liebstadt, befindet sich in Ottendorf eine der schönsten Kirchen der Sächsischen Schweiz. Ursprünglich ein romanischer Bau, wurde sie Ende des 14. Jahrhunderts gotisch erneuert. Die Chorfenster mit ihrem reichen Maßwerk sowie die erst 1975 im Chorraum wiederentdeckten und freigelegten Fresken mit Aposteldarstellungen sind bemerkenswerte Zeugnisse dieser Zeit. Die heutige Gestalt der Kirche wurde jedoch noch durch weitere Bauphasen geprägt.*

**Evangelische Gottesdienste**
Zeiten unter Tel. (03 50 25) 5 04 49 (Pfarramt) erfragen

**Öffnungszeiten**
Besichtigungen im Anschluss an Gottesdienste möglich, darüber hinaus in begrenztem Maß zu vereinbaren

**Anschrift**
Ev.-Luth. Pfarramt Ottendorf
Pfarrer Thomas Günther
Nummer 57, 01819 Ottendorf
Tel. (03 50 25) 5 04 49

# Ev.-Luth. Kirche · Pirna-Zuschendorf

*Das kleine Landschloss Zuschendorf liegt etwa vier Kilometer in Richtung Liebstadt von Pirna entfernt. Es wurde vor allem bekannt durch eine Bonsai-Schauanlage in seinem Park, welche sich der fernöstlichen Gartenkunst widmet. In Schauhäusern befinden sich u. a. die Sammlungen der berühmten denkmalgeschützten Kamelien der ehem. Dresdner Gärtnerfamilie Seidel sowie die erhaltenen Azaleen des königlichen Hofes in Pillnitz. Schlosspark, Schloss (bisher Fassade restaur.) und Kirche lohnen einen Besuch.*

**Evangelische Gottesdienste**
**aller 14 Tage So. 10.30 Uhr**

**Öffnungszeiten**
**Besichtigung ist möglich; Interessenten wenden sich an Fam. Franke, Liebstädter Str. 52, Tel. (0 35 01) 52 77 54, oder Frau Morgenstern, W.-Schmiedel-Weg 7, Tel. (0 35 01) 52 89 85.**

**Anschrift**
**über Pfarramt Pirna**
**Kirchplatz 13, 01796 Pirna**
**Tel. (0 35 01) 52 79 73**

## Stifter als 13. Jünger beim Abendmahl

Die Zuschendorfer Kirche ist eines der wenigen in Ausstattung und Bau nahezu komplett erhaltenen Renaissancebauwerke in der Sächsischen Schweiz. Hans II. von Carlowitz hatte sie 1559/60 direkt neben dem Stammschloss seiner Familie errichten lassen; bis heute verbindet ein Übergang Schloss und Gutsloge miteinander. Das Äußere des schlichten Saalbaus wird vom Eindruck des gedrungenen Westturmes mit seiner zwiebelförmig geschweiften, laternenbekrönten Haube bestimmt, welche in dieser Form erst 1895 durch Theodor Quentin entstand. Die paarigen Fenster mit ihrem kleeblattbogigen Abschluss zeigen den Einfluss einer gotisierenden Gestaltung.
Im Inneren der Kirche zieht der schöne evangelische Flügelaltar des Dresdner Hofmalers Heinrich Göding den Blick an. Das wertvolle Kunstwerk des Lucas-Cranach-Schülers zeigt im Mittelfeld das Abendmahl (mit dem Stifter als 13. Jünger!); auf den Seitentafeln Christus am Ölberg und die Kreuzigung. Auf der Rückseite sind Auferstehung und Himmelfahrt dargestellt; in der Predella der Stifter Hans von Carlowitz mit seiner Familie. In die Wand sind vier Gedenksteine mit Bildnissen seiner früh verstorbenen Kinder eingelassen. Die Kanzel (Anfang 17. Jh.) ist reich ornamentiert und trägt am Korb Skulpturen der vier Evangelisten und des Apostels Paulus. Eine Jahn-Orgel aus der Zeit um 1850 (einmanualig, neun Register) wurde 1995 restauriert.

▲ *Flügelaltar (Heinrich Göding, 16. Jh.)*
▼ *Kirche und Schloss von Südwesten*

▲ *Kirche und Pfarrhaus, Außenansicht*
▼ *Neogotisches Maßwerk*

**Ein stilvolles Ensemble der Neogotik**

Oberlandbaumeister Carl Adolf Canzler entwarf die gesamte Baugruppe von Kirche, Pfarr- und Schulhaus, welche dadurch einen geschlossen-harmonischen Gesamteindruck im Stil der frühen Neogotik vermittelt und heute unter Denkmalschutz steht. Der Standort der Bauten erforderte eine Überwölbung und Verfüllung des Stadtgrabens. Noch heute sind hinter der Kirche Teile der Stadtmauer mit Schießscharten sichtbar. Die Kirche selbst ist eine in Postaer Sandstein ausgeführte einschiffige, kreuzrippengewölbte, dreijochige Halle mit einem schmaleren Chorraum. Im Süden ist ihr ein 35 Meter hoher Turm angefügt; die drei Glocken in ihm wurden 1962 geweiht. Im Innenraum umfängt den Eintretenden eine Atmosphäre von Klarheit und Ruhe; die grauen Sandsteinprofile der Gewölberippen und das schlichte Maßwerk der Spitzbogenfenster verleihen den hell getünchten Wänden eine sparsam akzentuierende Gliederung. Der Hochaltar trägt ein Gemälde von Wenzel Schwarz (Wien 1868). Das große Bild in einem neogotischen Holzrahmen zeigt die Aufnahme der Kaiserin Kunigunde in das von ihr gestiftete Kloster Kaufungen bei Kassel: Kunigunde schenkt ihr Vermögen dem Kloster und übergibt dem Bischof von Paderborn ihre Kaiserkrone. Die Orgel aus dem Jahre 1869 von Eduard Jehmlich (17 Register, 950 Pfeifen) besitzt noch die originale mechanische Traktur.

*Bereits 1822/24 wurde für die katholischen Christen, welche sich im Zusammenhang mit der der industriellen Entwicklung in Pirna angesiedelt hatten, eine katholische Schule mit Kapelle errichtet. Ermöglicht hatte dies eine Stiftung der sächsischen Prinzessin Maria Cunigunde. Ihr zu Ehren wählte man als Patronin die heilige Kunigunde (um 980–1039), die einstige Gemahlin des ebenfalls heiliggesprochenen Kaisers Heinrich II. Als die Kapelle für die wachsende Gemeinde zu klein wurde, erteilte man den Auftrag für einen Neubau.*

**Katholische Gottesdienste**
**Mitte Nov. bis 5. Fastensonntag: Sa. 17 Uhr, So. 10 Uhr**

**Öffnungszeiten**
**tagsüber, Schlüssel ggf. im Pfarrhaus neben der Kirche**

**Anschrift**
**Kath. Pfarramt St. Kunigunde**
**Dr.-Wilhelm-Külz-Straße 2**
**01796 Pirna**
**Tel. (0 35 01) 5 71 01 64**

# Ev.-Luth. Stadtkirche St. Marien · Dohna

*Die Dohnaer Kirche ist durch ihre exponierte Lage an der höchsten Stelle des Ortes vor dem ehemaligen Burgbereich weithin sichtbar. Von einem Vorgängerbau – vermutlich noch aus dem 13. Jahrhundert – haben sich nur einige Reliefs und eine Bronzeglocke aus dem Jahre 1390 erhalten. Die ältesten Teile der heutigen Kirche – der Chor und das Turmuntergeschoss – dürften aus dem frühen 15. Jahrhundert stammen; an der Chor-Ostwand findet sich die Jahreszahl 1489. Das Langhaus wurde im letzten Drittel des 15. Jh. errichtet; Ergänzungen und Umbauten erfolgten um 1684 sowie von 1833–43.*

**Evangelische Gottesdienste**
Sonntag 9.30 Uhr

**Öffnungszeiten**
Mo., Di., Do., Fr.
8.30–12 Uhr, Di. 14–18 Uhr

**Anschrift**
Ev.-Luth. Kirchgemeinde
St. Marien Dohna
Pfarrstraße 1, 01809 Dohna
Tel. (0 35 29) 51 66 70

**Bedeutender spätgotischer Schnitzaltar**

Das Gotteshaus wurde als dreischiffige Hallenkirche errichtet; die ursprünglichen vier Joche ergänzte man beim erwähnten Umbau im 19. Jh. im Westen durch ein weiteres in den gleichen architektonischen Formen. Der Chor mit seinem zweijochigen Kreuzrippengewölbe endet in einem 3/8-Schluss. Das Langhaus, dessen Achse gegenüber der des Chors etwas nach Süden verschoben ist, weist sich mit seinem von acht Säulen getragenen Zellengewölbe als früher Nachfolgebau der Meißener Albrechtsburg aus. Nach dem Entwurf von Gottfried Semper erhielt die Kirche im 19. Jahrhundert eingeschossige Emporen.

Das Altarretabel ist ein bemerkenswertes Kunstwerk aus spätgotischer Zeit (datiert 1518). Vermutlich stammt es von einem Freiberger oder einem Pirnaer Meister (Gregor Hörzcel). Die Predella zeigt in einem Relief das Martyrium Johannes des Täufers. In der Mitte des Altarschreins steht die farbig gefasste Schnitzskulptur der Muttergottes mit dem Christuskind, links und rechts flankiert von St. Barbara und St. Katharina. Auf den Flügelinnenseiten befinden sich Reliefs der Heiligen Margarethe und Dorothea. Standflügel und Flügelaußenseiten tragen Gemälde, und das hohe Gesprenge ist mit weiteren Skulpturen geschmückt. Von der Ausstattung der Kirche sind zwei Stücke noch besonders hervorzuheben: eine mit Maß- und Astwerk sowie Engelsfiguren reliefierte Taufe aus Sandstein (um 1500) sowie die reich verzierte hölzerne Kanzel aus der Zeit um 1700. Die Eule-Orgel mit 28 Registern stammt aus dem Jahre 1896.

*▲ Bronzeglocke von 1390 (vor der Kirche)*
*▼ Mittelschiff mit Blick in den Chor*

### Wiedererweckung eines historischen Kleinods

König Johann, ein äußerst gebildeter und gleichzeitig feinsinniger Monarch, der sich unter anderem mit einer bis heute gültigen Übersetzung von Dantes »Göttlicher Komödie« bleibende Verdienste

erwarb, fühlte sich von Anfang an von der Romantik seines ländlichen Besitzes angezogen. Sooft er konnte, hielt er sich hier auf; und mitunter »begleitete« ihn sein Schloss auch auf seinen privaten Reisen durch das Land. Inkognito nannte er sich »Graf von Weesenstein«. Wie alle albertinischen Wettiner seit August dem Starken war Johann Katholik. Die ehemalige Bünau'sche Hauskapelle im Schloss war aber eine evangelische Kirche (vgl. S. 22/23). Der König beließ es dabei und übertrug im Alter den Weesensteiner Bewohnern, die bislang nach Dohna eingepfarrt waren, das Nutzungsrecht an ihr.

Für sich selbst ließ er um 1840 die bisherige Backstube zu einer katholischen Hauskapelle romantischen Stils umbauen. Der einschiffige, in drei Jochen kreuzgratgewölbte Raum wurde an der Schmalseite mit einem kleinen Altar ausgestattet. Drei dem Vorbild der Bünaukapelle nachgebildete, jedoch kleinere Rundbogenfenster gaben der Kapelle das Licht, welches die mit kleinen Sternen überzogenen Gewölbefelder plastisch voneinander abhob. Nach der Abdankung des letzten sächsischen Königs war der Kapellenraum lange Zeit für verschiedene profane Zwecke genutzt worden und in Vergessenheit geraten. Jetzt wurde er – im Zuge der im ganzen Schloss voranschreitenden Restaurierungsarbeiten – wiederentdeckt und entstand unter Einbeziehung erhaltener Ausstattungsstücke und Wandmalereien anlässlich des König-Johann- Jubiläums im Jahre 2001 in altem Glanz.

▲ *Schloss Weesenstein*
▼ *Aquarell mit historischer Ansicht des Kapellen-Innenraumes*

*Die wohl wichtigste Persönlichkeit, deren Name mit Schloss Weesenstein in Verbindung stand, war Johann von Sachsen. Bereits sein Onkel, König Anton, hatte 1830 das Schloss für die Wettiner erworben. Da er kinderlos geblieben war, hatte er verfügt, dass die Herrschaft Weesenstein in den Besitz der Sekundogenitur gelangen sollte. Nachdem sie so eine kurze Zeit dem Prinzen Maximilian gehört hatte, wurde sie 1838 Eigentum dessen jüngsten Sohnes Johann, des späteren Königs von Sachsen.*

**Öffnungszeiten**
**Die Besichtigung des Kapellenraumes ist beim Rundgang durch das Schlossmuseum möglich.**

**Anschrift**
**Schlossverwaltung Weesenstein**
**Am Schlossberg 1**
**01809 Müglitztal/ Weesenstein**
**Tel. (03 50 27) 6 26-0**

# Ev.-Luth. Kirche · Burkhardswalde

*Trotz ihres mittelalterlichen Ursprungs ist die Burkhardswalder Kirche heute – besonders im Inneren – durch ihre barocke Ausstattung geprägt. Spätgotische Elemente – ein zweijochiges Sterngewölbe und drei Spitzbogenfenster mit Maßwerk – blieben nur in einer Begräbniskapelle erhalten, die die Weesensteiner Bünaus als Kirchenpatrone im 16. Jh. der Kirche anfügen ließen. In der (nicht zugänglichen) Gruft unter ihr sind Bestattungen von 1606 bis 1752 nachweisbar. Eine gut erhaltene Sandstein-Grabplatte zeigt im Relief Rudolf III. auf Weesenstein (1547–1622).*

**Evangelische Gottesdienste**
**Sonntag 9 Uhr**

**Öffnungszeiten**
**(Pfarramt) Di. 14–18 Uhr, Do. 10–12 Uhr; zu diesen Zeiten ist der Schlüssel zur Kirche erhältlich.**

**Anschrift**
**Pfarramt Burkhardswalde**
**01809 Müglitztal/ Burkhardswalde**
**Tel. (03 50 27) 53 25**

▲ *Chorraum mit Altar (1763)*
▼ *Barocker Orgelprospekt*

## Harmonisch-spätbarocker Raumeindruck

Fundamente im Altarbereich der Kirche weisen zurück bis ins 14./15. Jahrhundert. Um 1523 wurde der Vorgängerbau aus jener Zeit zu heutiger Größe erweitert. An einen schlichten Kirchensaal mit einer verputzten, über einer hohen Kehlung ansetzenden Flachdecke schließt sich im Osten ein etwas schmalerer, tonnengewölbter Chor an. 1752 erhielt die Kirche ihren markanten, im Grundriss quadratischen Glockenturm an der Nordseite, den man nach einem Brand durch Blitzschlag 1799 wieder aufbaute und auf 41,5 m erhöhte. Nach Zerstörungen im Siebenjährigen Krieg wurde das Kircheninnere 1764 umfassend im Geiste des Spätbarocks erneuert. Johann Daniel Ranft aus Geising schuf nicht nur die Orgel (zwei Manuale, 15 Register), sondern auch den prächtigen, die gesamte Ostseite des Chores füllenden Kanzelaltar. Der hölzerne Ädikula-Altaraufbau mit Säulen und Pilastern sowie der Orgelprospekt sind farbig, teilweise mit Marmorierungen, gefasst und mit filigranem, an Spitzen erinnerndem Schnitzwerk verziert. Gemeinsam mit den zweigeschossigen, mit Grisaille-Malerei geschmückten Emporen an den Längsseiten der Kirche verleihen sie dem Gotteshaus einen harmonisch-geschlossenen Raumeindruck.

## Eine Atmosphäre von Schlichtheit und Sachlichkeit

Durch einen Grundstückskauf auf der Fröbelstraße wurde 1926 zunächst der Bau eines Pfarrhauses mit einer daran anschließenden Kapelle möglich. Einige Jahre später – nach der erneuten Sammlung von Finanzmitteln – konnte mit dem Bau der heutigen Pfarrkirche St. Georg auf dem Gelände begonnen werden.

▲ *Außenansicht*
▼ *Schutzmantelmadonna*

Nach weniger als sechs Monaten Bauzeit weihte Bischof Petrus Legge das Gotteshaus am 24. Oktober 1937.
Der einschiffige Kirchenbau ist durch Schlichtheit und Sachlichkeit geprägt. Die Deckenkonstruktion, gegliedert durch zwei tiefergehängte Seitenteile, vermittelt den Eindruck von drei Kirchenschiffen und verleiht dem Raum eine zusätzliche Ausrichtung in der Längsachse zum spirituellen Zentrum – zu Kreuz, Tabernakel und Altar.
Ein Kreuzweg unter der Empore erinnert an den Leidensweg Christi. – Der stumpfe Turm über dem Portal weist auf die Funktion des Hauses als Kirche hin. Er überragt die umliegenden Häuser nur unwesentlich – ein Zeichen der Zugehörigkeit und des Willens zur Bescheidenheit. – In den neunziger Jahren wurde der Bau in seiner Substanz grundlegend saniert und renoviert.

*Um 1900 fanden sich in der Industrieregion Heidenau erstmals nach der Reformation wieder Ansätze organisierten katholischen Lebens. Ab 1905 wurden in der Turnhalle der jetzigen Johann-Wolfgang-von-Goethe-Schule Sonntagsgottesdienste gefeiert, wobei zunächst Geistliche aus Dresden und Pirna die Seelsorge wahrnahmen. Durch den Umbau eines Teils des »Alten Gasthofs« erhielt die Gemeinde wenig später einen ersten provisorischen Gottesdienstraum. 1920 erfolgte die Gründung der Pfarrei St. Georg.*

**Katholische Gottesdienste**
**September bis Juni:**
**So. 8 Uhr und 10 Uhr;**
**Juli und August:**
**Sa. 18 Uhr, So. 9 Uhr**

**Öffnungszeiten**
**Kirche tagsüber vom Innenhof her zugänglich. Bei Nachfragen im Pfarrhaus bei Pfarrer Kleiner klingeln.**

**Anschrift**
**Kath. Pfarrgemeinde St. Georg**
**Fröbelstraße 5**
**01809 Heidenau**
**Tel. (0 35 29) 51 55 13**

# Ev.-Luth. Diakonie- und Kirchgemeindezentrum · Pirna-Copitz

*Pirna-Copitz war ursprünglich eine alte sorbische Siedlung, in welcher vor allem Bauern, Fischer und Steinbrecher lebten. Im 19. Jahrhundert siedelten sich eine Reihe von Industriebetrieben in dem rechtselbischen Vorort Pirnas an, und seit 1927 gehört Copitz zu Pirna. Trotz seiner gegenwärtig über 12000 Einwohner hatte der Stadtteil bis zum 1. Oktober 2000 keine eigene Kirche. An diesem Tag konnte das neue Diakonie- und Kirchgemeindezentrum eingeweiht werden.*

Evangelische Gottesdienste
sonn- und feiertags 10 Uhr

Öffnungszeiten
tagsüber

Anschrift
Ev.-Luth. Kirchgemeinde
Pirna, Gemeindebüro Copitz
Schillerstr. 21 a, 01796 Pirna
Tel. (0 35 01) 52 37 54
Fax (0 35 01) 57 85 30

▲ *Foyer mit Blick in den Kirchsaal*
▼ *Außenansicht vom Garten*

## Der Neubau – ein Hoffnungszeichen

Der Neubau inmitten eines Gartengrundstücks besteht vorwiegend aus Holz, Sandstein und Glas und kostete 3,2 Mio. DM. Dank einer großzügigen Unterstützung durch das Ev.-Luth. Landeskirchenamt Sachsens, der Förderung durch das Land, den Landkreis und die Stadt und der großartigen Spendenbereitschaft der Kirchgemeinde konnte die Finanzierung gesichert werden. Der von außen modern, doch relativ nüchtern wirkende Bau zeigt vor allem im Inneren seine wirklichen Qualitäten. Er entstand nach einem Entwurf des Architekturbüros Tobias Hackbeil, Dresden, der als Sieger aus einem Wettbewerb zu diesem Projekt hervorging. Die Anforderungen der Auftraggeber erfüllt er vorzüglich – bieten seine zahlreichen, lichtdurchfluteten Räume unterschiedlicher Art und Größe doch vielfältige Nutzungsmöglichkeiten. In ihnen trifft sich nicht nur eine lebendige Gemeinde zum Gottesdienst, zur Unterweisung im Glauben, zu Festen und Feiern; das Haus ist auch Anziehungspunkt für viele Gäste. Bei Tagungen, Seminaren oder festlichen Veranstaltungen von Institutionen, Gruppen oder auch Privatpersonen zeigt sich der kommunikative, multifunktionale Charakter des Hauses besonders gut. Die Sozialstation und die Offene Behindertenhilfe des Diakonischen Werkes Pirna sind neben einem Jugendtreff und einer Wohnung ebenfalls im Haus untergebracht. So begegnen sich die unterschiedlichsten Menschen und kommen ins Gespräch miteinander.

## Ev.-Luth. Kirche · Liebethal

*Liebethal liegt nördlich von Pirna über dem Wesenitztal, einem beliebten Wandergebiet, dessen wildromantische Schönheit schon Richard Wagner zu seinem »Lohengrin« inspirierte. Noch heute kündet ein imposantes Wagnerdenkmal unweit der Lochmühle von den Aufenthalten des großen Komponisten in der Gegend. – Die Dorfkirche von Liebethal hat ihre Ursprünge wohl bereits im 13. Jahrhundert; sie wurde jedoch vor allem in der zweiten Hälfte des 16. Jh. und im 17. Jh. wesentlich umgestaltet.*

### Kunstwerke des 17. Jahrhunderts

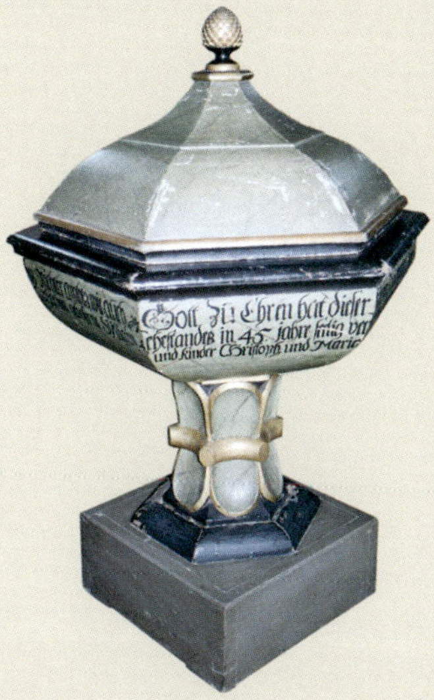

Die Saalkirche trägt ein Satteldach mit einem Dachreiter von 1681. Ihre hohen Rundbogenfenster sitzen in tiefen Fensternischen mit Stichbögen und sind in Inneren mit barocker Ornamentmalerei aus der ersten Hälfte des 17. Jahrhunderts umgeben. Die flache Kassettendecke trägt eine Bemalung aus neuerer Zeit. An der Nord- und Westinnenseite der Kirche wurden hölzerne Emporen eingebaut. Die Herrschaftsempore an der Südseite steht auf mächtigen Steinkonsolen. Die Ausstattung der Kirche ist schlicht, besitzt jedoch einige erwähnenswerte Stücke aus dem 17. Jahrhundert.
Der hölzerne Ädikula-Altar aus der Zeit um 1600 ist noch der Renaissance zuzuordnen; er umschließt Gemälde, die Andreas Göding zugeschrieben werden: in der Predella das Abendmahl und auf der Haupttafel eine figurenreiche Kreuzigung. Auf zwei seitlichen Hochoval-Bildern sind Geburt und Taufe Jesu dargestellt. Auch die hölzerne Kanzel ist der Zeit um 1600 zuzuordnen, die Taufe – ebenfalls aus Holz gearbeitet – entstand jedoch erst ein Jahrhundert später (1699).
Die Orgel der Kirche wurde von der Firma Hermann Eule aus Bautzen gebaut; das Instrument mit pneumatischer Traktur besitzt zwei Manuale und zehn Register.

▲ *Hölzerne Taufe (1699)*
▼ *Außenansicht*

**Evangelische Gottesdienste**
**Aller 14 Tage sonntags, jeweils 10.30 Uhr**

**Öffnungszeiten**
**Besichtigung der Kirche und Ersteigen von Dachboden und Turm sind nach Anmeldung bei Pfarrer Müller, Pfarramt Graupa, möglich.**

**Anschrift**
**Ev.-Luth. Pfarramt**
**Borsbergstraße 32**
**01827 Graupa**
**Tel. (0 35 01) 54 82 42**

# Ev.-Luth. Kirche · Lohmen

*Eine erste Kirche ist für Lohmen bereits am Ende des 13. Jahrhunderts urkundlich bezeugt. Es wird vermutet, dass die Kapelle des alten Lohmener Schlosses anfangs auch als Gemeindekirche diente. In ihr stand ein steinerner Altar mit einem dreiflügeligen Bild des Hofmalers Heinrich Göding (1575, Mitteltafel Kreuzigung, Flügel Geburt und Auferstehung Christi), welches heute noch vorhanden ist. Als diese alte Kirche baufällig und für die wachsende Gemeinde zu klein wurde, plante man den Bau einer neuen Kirche.*

**Evangelische Gottesdienste**
**So. 9 Uhr oder 10.30 Uhr**

**Öffnungszeiten**
**April–Oktober: tägl. 9–18 Uhr**
**November–März:**
**Schlüssel im Pfarrhaus, Dorfstraße 1; Führungen bitte telefonisch anmelden**

**Anschrift**
**Ev.-Luth.Kirchgemeinde Lohmen**
**Dorfstraße 1, 01847 Lohmen**
**Tel. (0 35 01) 58 80 32**

## Größte Dorfkirche der Sächsischen Schweiz

Man beauftragte den Pirnaer Ratsbaumeister Johann Daniel Kayser und den Zimmermeister Christian Gotthelf Reuter aus Kreischa (später Ratszimmermeister in Pirna) mit dem Projekt. Der Bau begann 1786 mit der Grundsteinlegung und endete 1789 mit der feierlichen Einweihung der Kirche. Aus massiven heimischen Sandsteinquadern wurde auf dem Grundriss eines gestreckten Achtecks ein stattlicher, repräsentativer Zentralbau errichtet, an den sich im Norden die Sakristei und im Süden der hohe Turm anlegt. In ihrem Inneren tragen 12 Holzpfeiler die dreigeschossigen Emporen an der Ost-, Süd- und Westwand sowie die Orgelempore.
Die langen Korbbogenfenster und das Weiß der Innenausstattung – nur durch sparsame Goldverzierung mit Akzenten versehen – verleihen dem Raum eine lichte, großzügige Atmosphäre. Gemäß den protestantischen Anforderungen an einen idealen Kirchenraum sind Taufstein, Altar und Orgel in einer Achse angeordnet, wobei sich die Orgel direkt über dem Portikus-Kanzelaltar befindet. Das wertvolle, zweimanualige Instrument mit 18 Registern wurde 1789 in der Nachfolge der Silbermannschen Orgeln von Johann Christian Kayser aus Dresden erbaut.
Die Kirche bietet insgesamt 835 Sitzplätze; damit ist sie die größte Dorfkirche in der Sächsischen Schweiz.

▲ *Außenansicht*

▼ *Kanzelaltar*

# Ev.-Luth. Kirche · Dittersbach

▲ *Außenansicht*
▼ *Silbermannorgel (1726)*

*Nach einem Brand der alten Dittersbacher Kirche im Jahre 1660 wurde noch im gleichen Jahr mit dem Wiederaufbau begonnen. Abgeschlossen wurde er mit dem Einbau der Kanzel im Jahre 1662. Ihren Turm erhielt die Kirche jedoch erst 60 Jahre später, da die Mittel für ihn zunächst nicht gereicht hatten. Der schlichte Saalbau besitzt eine flache Felderdecke. An seiner Nord- und Südseite sind doppelgeschossige hölzerne Emporen eingebaut, an der Westseite verläuft die Empore nur einstöckig.*

## Silbermannorgel mit strahlendem Klang

Von der Ausstattung aus der Erbauungszeit der Kirche blieb die barocke Kanzel erhalten, an deren Korb sich gemalte Darstellungen von Petrus, Christus und Paulus befinden. Der schlichte, klassizistische Altar (datiert 1843) und die hölzerne Taufe sind Werke aus der Mitte des 19. Jahrhunderts. Bis zu dieser Zeit war die Kirche ohne nennenswerten Schmuck geblieben; erst 1849 wurde durch den damaligen Patronatsherren Johann Gottlob von Quandt eine Innenausmalung veranlasst, welche 1992 wiederhergestellt werden konnte.
Der besondere Schatz der Dittersbacher Kirche ist eine Silbermannorgel. Das kleine, einmanualige Werk von 1726 mit 14 Registern und 720 Pfeifen (in der ursprünglichen Chorstimmung, 1/2 Ton über der heutigen Kammerstimmung) ist fast vollständig im Original erhalten und in sehr gutem Zustand. Es wurde 1980/81 von der Firma Eule, Bautzen, letztmals restauriert und erklingt regelmäßig – außer in den Wintermonaten – sonntags im Gottesdienst. Außerdem finden jährlich mehrere Orgelkonzerte statt, zu denen Gäste von weit her kommen, um den strahlendkraftvollen Klang des Instrumentes selbst zu erleben. Auch das wertvolle Schnitzwerk des barocken Orgelprospektes wurde restauriert; es kommt in seiner originalen Naturbelassenheit hervorragend zur Geltung.

**Evangelische Gottesdienste an Sonn- und kirchlichen Feiertagen, 9 bzw. 10.15 Uhr**

**Öffnungszeiten**
telefonische Anmeldung erbeten

**Anschrift**
Ev.-Luth. Kirchgemeinde Dittersbach, Hauptstraße 111
01833 Dürrröhrsdorf-Dittersbach
Tel. (03 50 26) 9 14 07 oder über Frau Kantorin Erpel,
Tel. (03 50 26) 9 00 16

# Ev.-Luth. Stadtkirche · Stadt Wehlen

*Die älteste überlieferte Urkunde, in welcher die Wehlener Burg Erwähnung findet, stammt aus dem Jahre 1269 und ist unterzeichnet von Heinrich dem Erlauchten im »Castro Wylin«. Unterhalb der Burg entstand am Ufer der Elbe gegen Anfang des 15. Jahrhunderts das Städtchen Wehlen. Reste einer ersten spätgotischen Stadtkirche sind heute noch im Burggarten zu sehen: ein Portal, die südliche Seitenschiffsmauer und die durch eine Spitzbogentür zugängliche, kreuzgratgewölbte Sakristei.*

**Weitgespannte Rundbogenfenster**

Gegen Ende des 19. Jahrhunderts war die alte Kirche baufällig geworden, und man brauchte eine neue. Diese wurde 1883 an anderer Stelle, direkt am Markt, errichtet. Professor Christian Friedrich Arnold aus Dresden entwarf den Sandsteinquaderbau in mittelalterlicher Formensprache (vorwiegend neoromanischem Stil). Er ist als Saalkirche mit polygonaler Apsis und Westturm konzipiert. Die Ansicht der Außenwand des Schiffs wird im Norden und Süden durch jeweils drei weitgespannte Rundbogenfenster mit schlichtem Maßwerk bestimmt; unter jedem von ihnen ist eine weitere Dreiergruppe kleinerer Fenster angeordnet.

Der 35 Meter hohe Westturm wurde auf quadratischem Grundriss errichtet und trägt eine spitze Haube.

Im Innenraum der Kirche befinden sich an der Süd-, West- und Nordseite eingeschossige Emporen.

Ein Altarbild aus den Jahren 1889/90 stammt von Karl Gottlob Schönherr, Dresden; es zeigt die Auferstehung Christi. Die Orgel der Kirche wurde in der Dresdener Werkstatt der Gebrüder Jehmlich gebaut. Das zweimanualige Instrument mit pneumatischer Traktur hat 17 Register. – Heute finden neben den regelmäßigen Gottesdiensten in der Kirche auch gut besuchte Konzerte und regionale Veranstaltungen statt, zu denen Gäste immer herzlich willkommen sind.

▲ *Taufbecken*
▼ *Außenansicht von Südwesten*

**Evangelische Gottesdienste**
**sonntags 9 oder 10.30 Uhr**

**Öffnungszeiten**
**Mai–Oktober 9–18 Uhr**
**November–April:**
**bitte im Pfarrhaus melden.**
**Führungen bitte telefonisch anmelden**

**Anschrift**
**Ev.-Luth. Kirchgemeinde**
**Stadt Wehlen**
**Markt 4**
**01829 Stadt Wehlen**
**Tel. (03 50 24) 7 03 12**

▲ *Außenansicht der Chorturmkirche*
▼ *Altarachse mit Taufstein (1738), Kanzelaltar (1738) und Orgel (im wesentl. 1732)*

## Ein Werk George Bährs

Kein Geringerer als der Dresdner Ratszimmermeister George Bähr, der Schöpfer der Dresdner Frauenkirche, verfasste die Pläne für den neuen Bau. Nachdem er die Baustelle persönlich besichtigt hatte, legte er zwei Zeichnungen mit einem Bericht und einen Kostenvoranschlag über 2600 Taler vor. Sein Konzept sah vor, einen »gerichteten Zentralraum« zu schaffen. Einem annähernd quadratischen Schiff schließt sich ein quadratischer Chor mit halbkreisförmigem Abschluss an. Das Schiff ist flachgedeckt, der Chor ist mit einem Kreuzgratgewölbe versehen. Den Innenraum umlaufen Emporen, welche im Schiff zwei-, im Chorraum eingeschossig errichtet wurden. Der hölzerne Portikuskanzelaltar wurde 1736 von Johann Gottlob Kirchner geschaffen und vom Staffiermaler Christian Reinow farbig gefasst. Eine reich skulptierte, ebenfalls hölzerne Taufe stammt aus dem Jahre 1738. Die Orgel befindet sich, entsprechend den Raum-Intentionen George Bährs, direkt über dem Altar. Da das Instrument, welches 1843 von Christian Gottfried und Wilhelm Leberecht Herbrig in die Kirche eingebaut worden war, mit ihrer Größe die ursprüngliche barocke Raumdisposition verändert hatte, wurde sie 1967 in die Stadtkirche Radeberg versetzt und an ihrer Stelle ein kleineres, barockes Instrument (aus Stöntzsch bei Borna, einmanualig, 15 Register) eingebaut, wodurch der Raum heute weitgehend wieder dem Anliegen George Bährs entspricht.

*Die Siedlung Hohnstein bildete sich im Schutze der gleichnamigen Burg, welche seit Mitte des 14. Jahrhunderts den Berka von der Duba, einem böhmischen Adelsgeschlecht, gehörte. Eine Kirche des sich als Ackerbürgerstädtchen entwickelnden Ortes wurde erstmals 1381 erwähnt; sie fiel aber einem großen Stadtbrand von 1724 zum Opfer. Unter Einbeziehung der erhaltenen Umfassungsmauern erfolgte aber von 1725 bis 1728 der Wiederaufbau als barocke Chorturmkirche.*

**Evangelische Gottesdienste**
**14tägig,**
**in der Regel 10.15 Uhr**

**Öffnungszeiten**
**Mai–Oktober: 9–18 Uhr**
**November–April: bitte im Pfarrhaus melden, Führungen telefonisch anmelden**

**Anschrift**
**Ev.-Luth. Pfarramt**
**Schulberg 3**
**01848 Hohnstein**
**Tel. (03 59 75) 8 12 33**

# Ev.-Luth. St.-Jacobi-Kirche · Neustadt/Sa.

*In einer Talmulde zwischen dem Valtenberg und dem Unger gründeten Bergleute, die auf der Suche nach Gold aus dem Freiberger Gebiet hierher gekommen waren, die »Neustadt«. Eine Jacobikirche in diesem Ort wurde 1346 erstmals erwähnt; sie wurde im Laufe der Jahrhunderte mehrfach umgebaut, bis man schließlich 1883 das mittlerweile baufällig gewordene Kirchenschiff bis auf die Grundmauern abtrug. Der Neubau erfolgte unter Leitung des Dresdner Architekten Gotthilf Ludwig Möckel.*

**Evangelische Gottesdienste**
**Neben den regelmäßigen Gottesdiensten finden in der Kirche, die 840 Sitzplätze hat, auch festliche Konzerte statt.**

**Öffnungszeiten**
**Mo.–Fr. 8–11.30 Uhr**
**Do. auch 13–17 Uhr**

**Anschrift**
**Ev.-Luth. Pfarramt**
**Kirchplatz 2**
**01844 Neustadt**
**Tel. (0 35 96) 50 30 39**
**Fax (0 35 96) 50 19 23**

▲ *Außenansicht von Süden*
▼ *Epitaph für Heinrich von Hermsdorf, Polenz (Christoph Walther II, 1581)*

## Wertvoller Chorraum blieb erhalten

In nur eineinhalb Jahren Bauzeit entstand ein neugotisches Kirchenschiff mit einem 71 m hohen Turm an der Südseite des Chorraumes. Das Schiff – mit umlaufenden eingeschossigen Holzemporen – wird von einem fünfjochigen Kreuzrippengewölbe überspannt. Die gesamte Ausstattung – insbesondere Altar, Kanzel und Taufe – stammt aus der Neubauzeit und wurde ebenfalls unter der Leitung von Gotthilf Ludwig Möckel geschaffen. Die Orgel aus dem Jahre 1884 in einem neogotischen Gehäuse (zweimanualig, mit 28 Registern und mechanischer Kegellade) kommt aus der Werkstatt von Hermann Eule, Bautzen. Es kann als Glücksumstand gelten, dass der spätgotische Chor der mittelalterlichen Jacobikirche 1883 nicht mit abgerissen, sondern in den Neubau einbezogen wurde. Dadurch blieb nicht nur wertvolle architektonische Originalsubstanz erhalten, sondern auch zwei schöne figürliche Sandstein-Epitaphien für die Herrschaften von Langburkersdorf und Polenz. Beide entstanden um 1580 und werden Christoph Walther II, einem Mitglied der berühmten Dresdener Bildhauerfamilie Walther, zugeschrieben. Auf einer Konsole gegenüber der Kanzel wurde die lebensgroße, farbig gefasste Schnitzfigur eines Christus mit der Siegesfahne (17. Jh) aufgestellt. – In dem schön restaurierten Pfarrhaus neben der Kirche (1616 erbaut) lebte bis zu seinem Tod im Jahre 1818 der Pfarrer Wilhelm Leberecht Götzinger, der wesentlich zur Entdeckung der Sächsischen Schweiz als Wandergebiet beigetragen hatte.

### Spannungsvolle Synthese von Alt und Neu

Die Ausstattung der Kirche aus ihrer Erbauungszeit ist zum großen Teil erhalten. Dazu gehören u.a. der Taufbrunnen, der jetzt am Eingang steht und als Weihwasserbecken dient, die Heiligenfiguren am Eingang und im Altarraum sowie die Glasfenster in den Seitentüren, der Werktagskapelle und der Sakristei. Eine eindrucksvolle Kreuzigungsgruppe (Christus am Kreuz aus Nixdorf, Maria und Johannes aus Bautzen) und eine ursprünglich für das Kloster St. Marienstern geschnitzte »göttliche Dreifaltigkeit« stammen ebenfalls aus der Zeit um 1890. Die Orgel – ein zweimanualiges Instrument mit 13 Registern, mechanischer Kegellade und freistehendem Spieltisch – wurde 1892 durch Hermann Eule, Bautzen, errichtet.
Die über 100 Jahre alten Kunstwerke korrespondieren spannungsvoll mit Werken aus jüngerer Zeit. Einige seien exemplarisch genannt:
Zunächst ein von Johannes Georgi, Sebnitz, im Jahre 1965 gemalter Kreuzweg, dessen Bildtafeln mit Stilmitteln der Gegenwart die Stationen des Leidensweges Christi darstellen und den Gläubigen zur Andacht einladen. 1960 erhielt die Kirche eine bronzene Marienstatue von Georg Nawroth. Vom Meißener Künstler Wolfram Hänsch stammt der Entwurf für das erst 1998 fertiggestellte Altarfenster, welches den »erhöhten« Christus zeigt.

▲ *Altarfenster (Wolfram Hänsch, 1998)*
▼ *Außenansicht*

*Die Sebnitzer Katholiken hatten noch im 19. Jahrhundert lange Zeit keine eigene Pfarrei und mussten von Pirna bzw. böhmischen Pfarreien seelsorgerisch betreut werden. Seit 1887 bestand wenigstens eine Interimskapelle in der Stadt, und ein Jahr später wurde die Pfarrei Sebnitz gegründet. In den Jahren 1890 bis 1892 wurde dann nach Plänen von Christian Gottfried Schramm aus Dresden und Gustav Adolf Reinhardt aus Sebnitz die neogotische »Kreuzerhöhungskirche« als einschiffiger Raum auf kreuzförmigem Grundriss errichtet.*

**Katholische Gottesdienste**
**Sa. 18.15 Uhr, So. 8.30 Uhr**

**Öffnungszeiten**
**Besichtigung nach Vereinbarung möglich**

**Anschrift**
**Pfarramt und Kirche zur Kreuzerhöhung**
**Finkenbergstraße 15**
**01855 Sebnitz**
**Tel. (03 59 71) 5 35 11**

# Ev.-Luth. »Engelkirche« · Hinterhermsdorf

*Als nach dem Dreißigjährigen Krieg der kleine, bereits im Mittelalter gegründete Ort Hinterhermsdorf durch Zuzüge böhmischer Glaubensflüchtlinge einigen Zuwachs erfuhr, gab dies Anlass, an den Bau einer eigenen Kirche zu denken. Ein erstes Ansinnen (1668) wurde jedoch abgeschlagen. Als aber 1688 die Rote Ruhr viele Todesopfer forderte, legte man auf einer Anhöhe über dem Dorf kurzerhand einen Friedhof an, auf dem bald darauf mit der Errichtung einer Kirche begonnen wurde.*

**Evangelische Gottesdienste**
**keine festen Zeiten**

**Öffnungszeiten**
**bitte telefonisch vereinbaren (beim Pfarramt oder bei Karin Ludwig, Schandauer Str. 48, Tel. (03 59 74) 5 00 02, bzw. im Heimatmuseum)**

**Anschrift**
**Ev.-Luth. Pfarramt**
**Hinterhermsdorf**
**Oberdorfweg 9**
**Tel. (03 59 74) 5 04 13**

▲ *Außenansicht von Südosten*
▼ *Taufengel, Detail (1701)*

## Ein Engel schwebt herab

Der einfache Bau – eine Saalkirche mit geradem Schluss und Rundbogenfenstern – wurde von Hans Hahmann aus Tharandt innerhalb nur eines halben Jahres errichtet. Sein hohes Satteldach ist von einem Dachreiter mit Laterne geschmückt. Im Inneren sind an drei Seiten eingeschossige, mit Blumenmotiven bemalte Emporen eingebaut. Die Schmuckstücke der Kirche sind ihr Altar und ein im Chor schwebender Taufengel von 1701, welcher der Kirche ihren heute gebräuchlichen Namen gab. Der dreistufige barocke Altar von 1691/92 stammt vermutlich von einem böhmischen Meister: Die Predella zeigt das Abendmahl, das Hauptfeld die Kreuzigung, daneben sind in seitlichen Medaillons die Evangelisten dargestellt. Im dritten Geschoss eine Auferstehungsszene – beidseitig flankiert von vier vollplastischen musizierenden Engeln. – Die Orgel (1846, zweimanualig, 20 Register) stammt von Samuel Heinrich Herold. Stürme, Blitz-, Brand- und Wasserschäden zwangen mehrmals zu teils recht umfangreichen Reparaturen. Veränderungen von 1846 griffen tief in die Substanz ein: Die Fenster wurden einheitlich gestaltet, die Holzkassettendecke entfernt, der Taufengel kam auf den Kirchboden, und der Altar wurde durch den Einbau einer Kanzel stark beeinträchtigt. Glücklicherweise konnten diese Sünden bei einer Wiederherstellung der Kirche im Jahre 1939 zum Teil rückgängig gemacht werden. In dieser Zeit erfolgte auch die dekorative Bemalung der Emporenbrüstungen im »Volkskunststil«.

Ende der 70er Jahre wurde mit einer gründlichen Restaurierung des Äußeren und Inneren der Kirche begonnen, welche 1988 abgeschlossen werden konnte.

Ev.-Luth. Kirche · Saupsdorf

**Nähe zu Berliner Schinkel-Bau**

Der Bau begann 1837 nach einem Entwurf des Wasserbaudirektors Johann Gottlieb Lohse aus Dresden; die Ausführung lag in den Händen der Saupsdorfer Johann Gottlieb Gottsorge Nickel (Baumeister) und Johann Gottlieb Adam (Zimmermann). Sowohl das Äußere als auch die

Innenausmalung, die Moritz Bellmann aus Dresden vornahm, zeigen eine starke Nähe – z. T. Übereinstimmungen bis ins Detail – zur Kirche St. Peter und Paul auf Nikolskoe im Glienicker Park (Berlin-Zehlendorf), welche bis zum gleichen Jahr nach einem Entwurf Karl Friedrich Schinkels von dessen Meisterschüler Friedrich August Stüler errichtet worden war. Die Ursachen für diese Beziehung sind bislang noch nicht geklärt. Am 24. Oktober 1842 konnte der Bau eingeweiht werden. Er ist eine im Äußeren vor allem neoromanisch gestaltete Saalkirche mit flachem Satteldach, einer halbkreisförmigen Apsis und einem dreigeschossigen Turm.

Das Kircheninnere wirkt hell und weiträumig. Der 14 Meter hohe Saal wird von einer Kassettendecke abgeschlossen; an drei Seiten umlaufen ihn eingeschossige Emporen. Die Ausmalung im Inneren trägt klassizistische Züge. Den massiven hölzernen Altar schmücken ein Kruzifix und zwei Leuchter. Die Orgel (1842) aus der Werkstatt von Christian Friedrich Reiß, Neugersdorf, ist ein zweimanualiges Instrument mit 14 Registern. In den Jahren 1987–90 und 1998 wurden Kirche und Orgel grundlegend renoviert.

▲ *Orgel (C. F. Reiß, 1842)*
▼ *Außenansicht von Südwesten*

*Die früheste Erwähnung des am Fuße des Wachberges gelegenen Ortes Saupsdorf datiert auf 1445. Ursprünglich gehörte er kirchlich zu Sebnitz, doch mit der Errichtung der Pfarrstelle Hinterhermsdorf wurde Saupsdorf im Jahre 1702 dorthin umgemeindet. Seit 1999 steht es gemeinsam mit Hinterhermsdorf in einem Schwesterkirchverhältnis zu Sebnitz. Seit Beginn des 18. Jh. gab es mehrere Vorstöße zur Errichtung einer eigenen Kirche, doch erst über hundert Jahre später genehmigte man sie.*

**Gottesdienste**
keine festen Zeiten

**Öffnungszeiten**
Besichtigung nach telefonischer Vereinbarung
Kirchweihfest: Sonntag nach dem 16. Oktober

**Anschrift**
über Ev.-Luth. Pfarramt Hinterhermsdorf
Oberdorfweg 9
Tel. (03 59 74) 5 04 13
oder über Gudrun Sturm, Wachbergstraße 9
Tel. (03 59 74) 505 77

## Ev.-Luth. St.-Michaelis-Kirche Dorf Wehlen

### Zeitzeugen des Mittelalters

Die heutige evangelische Pfarrkirche kann auf eine lange Geschichte zurückblicken, die bis in die Zeit um 1200 zurückreicht. Aus jener ersten Bauperiode hat sich eine spätromanische, halbkreisförmige Apsis mit sehr starken Mauern und einem Rundfenster erhalten; sie ist durch zwei Öffnungen zu beiden Seiten des Altars mit dem Kircheninneren verbunden. Der rechteckige, flachgedeckte Saalbau ist an seinen Längswänden durch zweigeschossige Emporen aus dem 18. Jahrhundert gegliedert. Die Ausstattungsstücke der Kirche wie der hölzerne Kanzelaltar oder die Taufe aus Sandstein stammen aus der 1. Hälfte des 19. Jahrhunderts und zeigen klassizistische Formen wie auch der Prospekt der Orgel (zweimanualig, 18 Register) von Christian Gottfried Herbrig aus dem Jahre 1832. Mit einem überlebensgroßen Holzkruzifix (um 1500) besitzt die Kirche ein wertvolles spätgotisches Kunstwerk.

**Besichtigungen**
**nach Vereinbarung**

**Informationen**
**Tel. (0 35 01) 58 73 87**

▼ *Außenansicht mit romanischer Apsis*

▲ *Außenansicht*

## Ev.- Luth. Kirche Porschendorf

### Sakristei mit romanischen Bauteilen

Die Porschendorfer Kirche wurde wahrscheinlich bereits im frühen 13. Jahrhundert erbaut und zählt damit zu den ältesten in der Sächsischen Schweiz. Ihre heutige Baugestalt stammt im Wesentlichen aus der Mitte/dem Ende des 17. Jahrhunderts; der Dachreiter auf dem langgestreckten Satteldach trägt die Jahreszahl 1682. Der Chorraum ist jedoch älter; von seiner Nordseite aus führt eine rundbogige Sandsteinpforte in eine kleine, kreuzgratgewölbte Sakristei. Umlaufende Emporen (datiert 1648) gliedern die Wände des flachgedeckten Kirchensaals. Der einstige Kanzelaltar wurde 1933 umgebaut und seine Kanzel an die Südseite versetzt. 1968 erhielt er ein schlichtes Holzkreuz. In der Patronatsloge befindet sich heute ein kleines Dorfmuseum. Die pneumatische Jehmlich-Orgel (zwei Manuale, acht Register) in einem älteren Gehäuse (1767) stammt aus den Jahren 1932/33.

**Besichtigungen**
**nach Vereinbarung**

**Informationen**
**Tel. (03 50 26) 9 14 25**
**oder 9 00 16**

## Ev.-Luth. Kirche Eschdorf

### Chor und Sakristei aus 16. Jh.

Im Jahre 1346 wurde die St.-Barbara-Kirche Eschdorf erstmals urkundlich erwähnt. 1886 erfolgte ein Neubau von Kirchenschiff und Turm im neoromanischen Stil nach Plänen von Christian Friedrich Arnold. Der Chor mit einem schönen Netzgewölbe und die Sakristei des Vorgängerbaus aus dem 16. Jahrhundert wurden in den Bau integriert. Die historisierende Ausstattung von 1886 verleiht dem Innenraum ein einheitliches Bild.

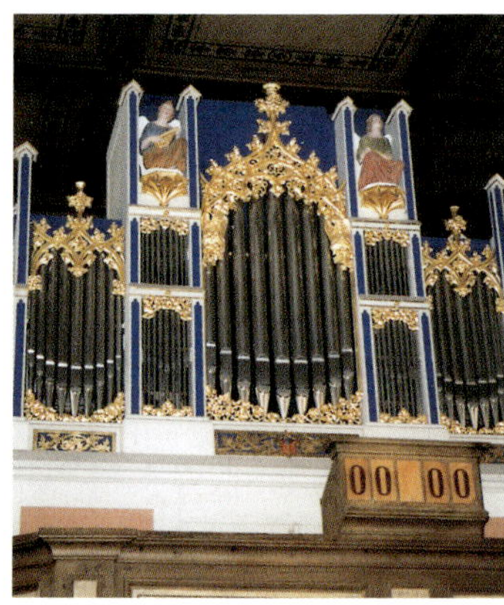

▲ *Orgel (Prospekt von Gottfried Semper)*

Eine schlichte Sandsteintaufe in Kelchform (1591) trägt die Wappen der von Kiesewetter und von Nostitz. Die Orgel (ein Manual/ 18 Register) mit einem von Gottfried Semper entworfenen Prospekt wurde 1837 von Christian Gottfried Herbrig errichtet. Ein sehenswertes »Museum auf dem Dachboden« informiert auf 320 qm über die Lokalgeschichte des Schönfelder Hochlandes.

**Besichtigungen**
**nach Vereinbarung**

**Informationen**
**Tel. (03 50 26) 9 14 25**
**oder 9 19 53**

▲ *Außenansicht*

## Ev.-Luth. Kirche Wilschdorf

**Barocker Kreuzigungsaltar**

Die ältesten Teile der St.-Crispinus-Kirche in Wilschdorf stammen vermutlich bereits aus dem 13. Jahrhundert. Ihr schlichter Kirchensaal aus dem 16. Jahrhundert ist im Inneren flach gedeckt und besitzt an drei Seiten Emporen (im Süden und Norden zweigeschossig, im Westen eingeschossig). 1678 wurde ihm ein gerade geschlossener Chor angefügt. Ein zweigeschossiger hölzerner Altar aus dem Jahr 1680 zeigt in der Predella das Abendmahl, im Hauptfeld die Kreuzigung und darüber die Auferstehung Christi. Die Initialen M. S. auf einer Sandsteintaufe (1582) könnten auf Michael Schwenke hindeuten. Eine mechanische Orgel (1802) von Johann Gottfried Miersch wurde im Jahr 2000 restauriert. Seit 2001 erstrahlt die Kirche innen und außen in frischen Farben.

**Besichtigungen**
**nach Vereinbarung**

**Informationen**
**Tel. (03 50 26) 9 14 25**
**oder 9 23 45 53**

## Ev.-Luth. Katharinenkirche Helmsdorf

**Gotische Bauteile integriert**

Die Helmsdorfer Katharinenkirche wurde 1473 erstmals urkundlich erwähnt. Bereits im 17. Jahrhundert erfolgte ein erster tiefer greifender Umbau des Gotteshauses, 1846 ein weiterer in klassizistischem Sinne. Doch leider zerstörte 1969 ein Brand große Teile der Kirche und ihrer Ausstattung. Beim Wiederaufbau in den Jahren 1973–75, der die Kirche ohne Turm und etwas verkleinert neu erstehen ließ, zog man eine Zwischendecke ein und gestaltete das Innere völlig um. Dennoch blieben einige Elemente noch aus der gotischen Zeit – ein Spitzbogenportal, in der Sakristei Kreuzrippengewölbe und ein Stützpfeiler und zwei Glocken von 1465 und 1535 – bis heute erhalten und erinnern an die lange Geschichte der Kirche. Die einstige Herbrig-Orgel von 1846 ist heute in der Langenhennersdorfer Kirche; das neue Instrument ist eine Kleinorgel (ein Manual, fünf Register) der Firma Hermann Eule, Bautzen, von 1969.

**Besichtigungen**
**nach Vereinbarung**

**Informationen**
**Tel. (03 59 73) 2 64 09**

▼ *Frontansicht*

## Ev.-Luth. Stadtkirche St. Laurentius Stolpen

**Schöne Barock-Ausstattung**

Ältester Bauteil der Stolpener Stadtkirche ist der um 1490 errichtete spätgotische Chor mit Triumphbogen, Sterngewölbe und Maßwerkfenstern. Das Kirchenschiff wurde nach einem Brand im Jahre 1723 zwischen 1724 und 1727 auf den alten Grundmauern als rechteckiger Kirchensaal im Stil des Barocks neu errichtet. Sein Inneres wurde bei einer Erneuerung (1899) teilweise verändert, indem von den ursprünglich an drei Seiten zweigeschossi-

▲ *Altar, 1770*

gen Emporen aus der Erbauungszeit die oberen Geschosse an der Südost- und Nordwestseite größtenteils beseitigt wurden. Dennoch vermitteln Ausstattung (Taufe, Kanzel und Lesepult um 1730, Altar dat. 1770) und reiche illusionistische Ausmalung (neobarock) der Kirche noch viel vom ursprünglichen Raumeindruck. In das barocke Orgelgehäuse von 1766 wurde 1898 eine Eule-Orgel (zweimanualig, 23 Register) eingefügt.

**Besichtigungen**
**Kirche sonntags geöffnet, sonst nach Vereinbarung**

**Informationen**
**Tel. (03 59 73) 2 64 09**

## Ev.-Luth. Kirche Bühlau

### Schlichter Neoklassizismus

Bereits im Hochmittelalter besaß Bühlau eine eigene Kirche; der heutige Bau geht jedoch in seiner Substanz wohl erst auf das 16. Jahrhundert zurück. An der Ost- und Südseite des Chores sind drei Rundbogenfenster aus jener Zeit erhalten; auch ein kleines Spitzbogenportal, das aus der kleinen West-Vorhalle in den Innenraum führt, ist dem 16. Jahrhundert zuzuordnen. Das Innere der flach gedeckten Saalkirche mit gerade geschlossenem Chor und umlaufenden eingeschossigen Holzemporen widerspiegelt im Wesentlichen den Zustand nach tiefgreifenden Umgestaltungen im 19. Jahrhundert (ab 1844). Der Dachreiter mit seiner flachen Haube wurde 1858 errichtet. Ein schlichter Kanzelaltar und eine balusterförmige Taufe aus Holz stammen aus dem Jahr 1883 (das zinnerne Taufbecken von 1669). In einem neoklassizistischen Prospekt fügt sich eine zweimanualige Eule-Orgel von 1906 harmonisch in den Gesamtraum ein.

**Besichtigungen**
**nach Vereinbarung**

**Informationen**
**Tel. (03 59 73) 2 64 01**

▼ *Außenansicht*

▲ *Altarraum in weihnachtlichem Schmuck*

## Ev.-Luth. Pfarrkirche Langenwolmsdorf

### Größte erhaltene Herbrig-Orgel

Die heutige Kirche von Langenwolmsdorf wurde von 1641 bis 1652 völlig neu erbaut, nachdem ihre mittelalterliche Vorgängerin im Dreißigjährigen Krieg (1637) durch kaiserliche Soldaten zerstört worden war. Sie ist ein schlichter Saalbau mit geradem Chorschluss; ihr Satteldach trägt einen hohen Dachreiter. Der langgestreckte, flach gedeckte Kirchenraum wurde 1846 klassizistisch umgestaltet; aus diesem Jahr stammt auch der Kanzelaltar, in den ein Abendmahl-Gemälde (Kopie nach Leonardo da Vinci von 1883) eingefügt wurde. Doppelgeschossige (nur an der Westseite eingeschossige) hölzerne Emporen umlaufen das Innere. Ein barocker Taufstein (Porphyr) wurde 1939 überarbeitet. Die Kirche besitzt die größte erhaltene Orgel (zwei Manuale, 20 Register) des ortsansässigen Meisters Wilhelm Leberecht Herbrig (1846). Das romantische Instrument wurde 1972 von der Firma Hermann Eule (Bautzen), restauriert.

**Besichtigungen**
**nach Vereinbarung**

**Informationen**
**Tel. (03 59 73) 2 65 47**

## Ev.-Luth. Lorenzkirche Stolpen-Altstadt

### Spuren aus romanischer Zeit

In dem schlichten, im Inneren flachgedeckten Saalbau der Altstädter Lorenzkirche sind trotz mehrfacher Umbauten noch heute einige spätromanisch-frühgotische Teile zu erkennen; dazu gehören ein (jetzt vermauerter) Triumphbogen, Öffnungsbögen der ehemaligen Altarnischen sowie Pfeiler mit Blattkapitellen (Leider sind letztere am Triumphbogen durch die später eingebauten umlaufenden Emporen nicht sichtbar). Der

▲ *Gemälde mit Kreuzigung (1677)*

schmucklose Kanzelaltar stammt aus dem 18. Jahrhundert. Neben ihm an der Ostwand zeigt ein Gemälde eines unbekannten Meisters (dat. 1677) die Kreuzigung Christi. Neben dem barocken Taufstein ist insbesondere die Orgel (einmanualig, elf Register) erwähnenswert, ein Werk des ehemals in Langenwolmsdorf ansässigen Wilhelm Leberecht Herbrig aus dem Jahre 1859.

**Besichtigungen**
**nach Vereinbarung**

**Informationen**
**Tel. (03 59 73) 2 62 25**

▲ *Altar (Gemälde erste Hälfte 17. Jh.)*

## Ev.-Luth. Kirche Stürza

### Spätrenaissance in klassizistischem Rahmen

Die Saalkirche vereinigt Bauteile verschiedener Stilepochen: Der Chor mit einem 3/8-Schluss, spitzbogigen Maßwerkfenstern und Strebepfeilern ist spätgotisch; in der Turmhalle finden sich Reste einer Kassettendecke mit Malereien aus der Zeit um 1500. Das untere Geschoss der umlaufenden Emporen – die Brüstungsfelder bemalt mit Szenen aus dem Alten Testament –, die Taufe und die Kanzel stammen aus dem 17. Jahrhundert. Gemälde aus der ersten Hälfte des 17. Jahrhunderts wurden später in klassizistischer Rahmung zu einem schönen Flügelaltar zusammengefügt: Die Predella zeigt das Abendmahl, das Hauptfeld die Kreuzigung, die Flügel Szenen aus dem Leben Christi. In den klassizistischen Orgelprospekt von Wilhelm Leberecht Herbrig aus dem Jahre 1847 wurde 1933 von der Firma Gebr. Jehmlich ein neues Orgelwerk (zweimanualig, zehn Register) eingebaut.

**Besichtigungen**
**nach Vereinbarung**

**Informationen**
**Tel. (03 59 75) 8 14 71**
**oder (03 50 26) 9 14 57**

## Ev.-Luth. Kirche Rathewalde

### Geformt in Jahrhunderten

Die Rathewalder Pfarrkirche existiert schon seit dem Mittelalter. Nachdem der gotische Saalbau mit einem 3/8-Chorschluss 1639 durch einen Brand weitgehend zerstört worden war, wurde er unter Einbeziehung des erhaltenen Bruchsteinmauerwerkes bald wieder aufgebaut. Die großen Korbbogenfenster im Erdgeschoss und das hohe, schiefergedeckte Walmdach der Kirche widerspiegeln Stilauffassungen des Barocks. Ein markanter, achteckiger Dachreiter trägt eine steile Haube mit einer Wetterfahne (bez. 1891). Aus der Zeit eines Umbaus um 1860 stammt ein Wandbild in Secco-Malerei mit Christus als Heiland, der die Mühsehligen und Beladenen zu sich ruft, im Chorraum. Letzte größere Umbauten erfolgten 1903 (zwei Buntglasfenster an der Ostseite mit Geburt und Kreuzigung Christi) und 1971/72 (Entfernung der Seitenemporen; moderne Ausstattung – Altar, Lesepult und Taufstein – aus Herrnhut).

**Besichtigungen**
**nach Vereinbarung**

**Informationen**
**Tel. (03 59 75) 8 14 71**
**oder 8 16 55**

▼ *Außenansicht*

## Ev.-Luth. Kirche Ehrenberg

### Historisierende Umbauten

Die Ehrenberger Kirche entstand Anfang des 16. Jahrhunderts als eine Saalkirche mit 3/8-Chorschluss. Rundbogenfenster und Strebepfeiler gliedern den schlichten Baukörper. 1723 erhielt das Gotteshaus seinen Dachreiter mit der Wetterfahne. 1894 erfolgten tiefgreifende Umbauten durch Theodor Quentin. Eingeschossige Emporen mit Steintreppen- Zugang wurden eingefügt, der Altarraum durch einen Triumphbogen vom Kirchensaal abgehoben, eine neue Sakristei und ein neuer Altar errichtet.

▲ *Außenansicht*

Die getäfelte Decke, das Gestühl und die Emporen wurden in historisierendem Stil mit floralen Ornamenten geschmückt. Ein einstiges Altargemälde, eine Abendmahlsdarstellung von 1613, versetzte man an die Chorwand. Die Kegelladen-Orgel mit mechanischer Traktur (einmanualig, zehn Register) aus dem Jahre 1881 wurde von Hermann Eule, Bautzen, erbaut.

**Besichtigungen**
**nach Vereinbarung**

**Informationen**
**Tel. (03 59 75) 8 12 33**

## Ev.-Luth. Kirche Porschdorf

### Entworfen von Theodor Quentin

Die Kirche auf dem Friedhof in Porschdorf wurde 1903/04 nach Entwürfen von Theodor Quentin errichtet. Stilistisch ist sie sowohl durch neoromanische als auch durch neogotische Elemente geprägt (z. B. Rundbogenfenster, Kreuzrippengewölbe). Der Kirchturm im Westen – unten von quadratischem, im oberen Teil von achteckigem Querschnitt – mit einer lang ausgezogenen Haubenspitze ist 25 Meter hoch. Das Innere des Kirchenraumes wird an drei Seiten

▲ *Außenansicht*

von Emporen gegliedert. Ein eingezogener Chor mit geradem Schluss hat an seiner Ostseite drei zusammengefasste Rundbogenfenster mit Buntverglasung; im mittleren ist Christus als Guter Hirte dargestellt. Die Orgel (zwei Manuale, acht Register, mit pneumatischer Traktur) entstand 1905 in der Dresdner Werkstatt der Gebr. Jehmlich.

**Besichtigungen**
**nach Vereinbarung**

**Informationen**
**Tel. (03 50 22) 4 23 96**

▲ *Außenansicht*

## Ev.-Luth. Kirche Ulbersdorf

### Taufstein und Grabmäler um 1600

Die kleine Saalkirche wurde Ende des 17. Jahrhunderts an der Stelle eines Vorgängerbaus errichtet. Der hölzerne Dachreiter mit einer laternengekrönten Frühbarock-Haube verleiht dem außen ansonsten schmucklosen Bau einen kräftigen Akzent. 1699 datiert, wurde er 1993 in alter Form neu errichtet. Den flachgedeckten Innenraum umlaufen an drei Seiten Emporen. Besondes wertvolles Ausstattungsstück ist eine Renaissance-Taufe aus Sandstein aus dem Jahre 1602, reich skulptiert und farbig gefasst. Der hölzerne Altaraufbau zeigt in der Predella eine Darstellung des Abendmahls, darüber ein von gedrehten Säulen gerahmtes Bild mit einer Ölberg-Szene, bez. Gottfried Schaicker 1685. Die schlichte Holzkanzel stammt vom Beginn des 17. Jahrhunderts. An der Südwand finden sich sechs künstlerisch bedeutsame figürliche Grabplatten aus Sandstein (Ende 16./Anfang 17. Jh.).

**Besichtigungen**
**nach Vereinbarung**

**Informationen**
**Tel. (03 59 75) 8 12 33**

## Ev.-Luth. Kirche Lichtenhain

### Barockaltar von Zittauer Meister

In den Jahren 1697/98 wurde die alte Lichtenhainer Kirche, die bereits im 15. Jahrhundert erwähnt wurde, tiefgreifend umgebaut und erweitert. Es entstand ein Saalbau mit Flachdecke und einem 3/8-Chorschluss. Die umlaufenden Emporen sind an der Nord- und Ostseite doppelgeschossig ausgebildet. Das dreistöckige barocke Altarretabel wurde 1696/97 von dem Zittauer Bildhauer Johann Konrad Edelwehr geschaffen. Die Schnitzarbeit zeigt in ihrem Hauptfeld, von reichem Akanthuslaub umrahmt, die Opferung Isaaks, darunter in gleicher Rahmung ein Medaillon mit einer Inschrift zu dieser Szene. Den oberen Abschluss bildet ein geschnitztes Medaillon mit Gottvater und dem Christuskind. Ebenfalls aus dem 17. Jahrhundert stammt die schlichte hölzerne Kanzel. Die Orgel aus dem Jahre 1928 (zweimanualig, 13 Register) stammt aus der Werkstatt der Gebr. Jehmlich.

**Besichtigungen**
**nach Vereinbarung**

**Informationen**
**Tel. (03 59 71) 5 45 05**

▼ *Altar (K. Edelwehr, 1696/97)*

## Ev.-Luth. Kirche Oelsen

### Besonderer Schatz – Hornung-Reliefs

Das Mauerwerk der Oelsener Kirche stammt im wesentlichen aus der Zeit um 1500; in dieser Zeit wurde auch das spätgotische Portal an ihrer der Nordseite errichtet. Seine jetzige, schlichte Gestalt verdankt der Bau vor allem einer tiefgreifenden Umgestaltung in klassizistischen Formen aus dem Jahre 1806. Im Inneren des flachgedeckten Kirchensaales sind insbesondere ein schöner Ädikula-Kanzelaltar mit korinthischen Säulen und

▲ *Detail eines Hornung-Reliefs*

ein wohlproportionierter Taufstein durch die klassizistischen Formen geprägt. Neben zwei hölzernen Barock-Epitaphien für Vertreter der Adelsfamilie von Bünau (1653 bzw. 1701) beherbergt die kleine Kirche eine besondere Sehenswürdigkeit: In die Wand der Vorhalle wurden Reste einer kunstvollen Sandsteinkanzel aus der Zeit um 1620 eingemauert. Die Reliefs mit Christus als Weltenrichter und den vier Evangelisten werden dem Pirnaer Bildhauer Lorenz Hornung (Hörnig), einem der bedeutendsten Künstler seiner Zeit, zugeschrieben.

**Besichtigungen**
**nach Vereinbarung**

**Informationen**
**Tel. (03 50 23) 6 24 77**

▲ *Außenansicht*

## Ev.-Luth. Kirche Breitenau

### Parallelen zur Börnersdorfer Kirche

Bereits seit dem frühen 15. Jahrhundert ist für Breitenau eine Kirche bezeugt; von ihr blieb aber nichts erhalten. Ihre Nachfolgerin aus dem 17. Jahrhundert brannte 1813 während der Befreiungskriege gemeinsam mit dem Pfarrhaus ab. Vier Jahre später wurde sie als schlichter klassizistischer Saalbau mit halbrunder Apsis wieder aufgebaut. Mit ihrem massiven Westturm ähnelt sie äußerlich der Börnersdorfer Kirche; im Inneren setzt sich diese formale Analogie mit dem Tonnengewölbe und der klassizistischen Ausstattung (Kanzelaltar mit flankierenden Säulen, Taufstein) fort.
Die Orgel (zwei Manuale, 14 Register) stammt aus der Werkstatt von Karl Traugott Stöckel, Dippoldiswalde. Im Eingangsbereich der Kirche befindet sich das Original der alten Breitenauer Postmeilensäule.

**Besichtigungen**
**nach Vereinbarung**

**Informationen**
**Tel. (03 50 25) 5 07 54**
**www.kirche.liebstadt.de.vu**

## Ev.-Luth. Kirche Börnersdorf

### Klassizistische Schlichtheit

Die Kirche in Börnersdorf wurde 1674 geweiht. Ungewöhnlich ist die Ausrichtung des einschiffigen Saalbaus: Sie verläuft nach Süden; der 1865 hinzugefügte massige Turm mit seinem laternengekrönten Pyramidendach steht im Norden. Das Bruchsteinmauerwerk der Kirche ist unverputzt. Nach einem Brand im Jahre 1781 wurde der Kircheninnenraum in klassizistischem Stil neu gestaltet. Er wird von einer hölzernen Tonne (1933) überwölbt und an drei Seiten von eingeschossigen Emporen gegliedert. Der Ädikula-Kanzelaltar und die Taufe – beide aus Holz – sind in die Zeit nach 1812 zu datieren. Rechts vom Altar befindet sich ein barockes Epitaph eines Geistlichen (1746). Die Orgel (zweimanualig, 18 Register) wurde 1846 von August Schröder erbaut; unter Beibehaltung ihres Gehäuses erhielt sie 1933 eine pneumatische Traktur.

**Besichtigungen**
**nach Vereinbarung**

**Informationen**
**Tel. (03 50 25) 5 07 54**

▼ *Taufstein*

# Ev.-Luth. Stadtkirche · Lauenstein

*Das Städtchen Lauenstein liegt im Osterzgebirge. Es ist nicht zu verfehlen, wenn man im Müglitztal von Heidenau aus über Dohna, Weesenstein, Schlottwitz und Glashütte weiter flussaufwärts fährt – entweder mit der Bahn oder dem Auto. Neben einem Renaissanceschloss mit interessanten Ausstellungen beherbergt der Ort einen Schatz, dessen Bedeutung man sich gerade erst wieder zu erinnern beginnt: In der frisch restaurierten nachgotischen Hallenkirche findet man Bildhauerarbeiten von europäischem Rang.*

*▲ Altar und Taufstein von Michael Schwenke*
*▼ Detail aus dem Bünau-Epitaph von Lorenz Hornung*

**Evangelische Gottesdienste**
**Zeiten im monatl. Aushang**

**Öffnungszeiten**
**Kirchenführungen können über Familie Thomas Küttner vereinbart werden.**

**Anschrift**
**über Pfarramt Liebenau,**
**Tel. (03 50 54) 2 52 65 oder über Fam. Thomas Küttner**
**Schlossstraße 10**
**01778 Lauenstein**
**Tel. (03 50 54) 2 56 84**

**Hauptwerke**
**Pirnaer Renaissancekünstler**

Die Lauensteiner Kirche wurde nach einem Brand unter Einbeziehung der erhaltenen Teile in den Jahren von 1596 bis 1602 wiederaufgebaut. In dieser Zeit entstand auch die bis heute erhaltene Ausstattung der Kirche neu, für deren Gestaltung man die in weiter Umgebung besten Künstler ihrer Zeit gewinnen konnte. Der prachtvolle Altar, die Kanzel und der Taufstein sind Arbeiten des Pirnaer Bildhauers Michael Schwenke (ca. 1563–1610) und gehören zu den bedeutendsten ihrer Art in Deutschland. Mit Ausmaßen von 9 Metern Höhe und 7 Metern Breite hat der Altar, gleichzeitig als Epitaph für Rudolph von Bünau und seine Frau Anna von Schleinitz gestaltet, beachtliche Ausmaße. In seinem viergeschossigen Aufbau bilden ausdrucksstarke Reliefs und Freifiguren mit einem geschlossenen Bildprogramm ein imponierendes Gesamtkunstwerk.

In gleichem Maße beeindrucken die von Lorenz Hornung (auch Hörnig, ca. 1575–1624, Pirna) geschaffenen Kunstwerke in der Bünaukapelle, insbesondere das Bünau-Epitaph aus Sandstein und Alabaster, mit 9 Metern Höhe und 5 Metern Breite nur wenig kleiner als der Altar der Kirche. Die zweimanualige Orgel mit 19 Registern aus den Jahren 1817–18 ist das älteste noch original erhaltene Instrument, das Firmengründer Gotthelf Friedrich Jehmlich erbaute.

## Silbermannorgel mit barocker Kraft

Die Kirche von Reinhardtsgrimma ist seit langem bekannt wegen ihrer Orgel, an der jedes Jahr Konzerte gegeben werden, welche Scharen von Musikliebhabern aus weitem Umkreis anziehen. Das Instrument von Gottfried Silbermann wurde 1731 eingeweiht; es besitzt 2 Manuale und 20 Register. Restaurierungen des 20. Jahrhunderts veränderten allerdings ihr ursprüngliches Klangbild. Es wurde weicher und gedämpfter, und in dieser Charakteristik – die auch auf zahlreichen Tondokumenten konserviert ist – prägte es sich vielen ein. Erst kürzlich wurden diese Veränderungen jedoch wieder rückgängig gemacht, und nun beeindruckt der volle, strahlende Orgelklang die Hörer auf ganz neue Weise.

Neben der Orgel sind von der Ausstattung der Kirche insbesondere der Altar, die Kanzel und eine Reihe von Grabsteinen bzw. Epitaphien erwähnenswert. Den zweigeschossigen Renaissancealtar aus Sandstein (bez. 1601) schuf wahrscheinlich Jonas Grünberger aus Freiberg. Im Hauptfeld zeigt er eine Darstellung des Heiligen Abendmahls. Die barocke Kanzel mit Evangelistenbildern von Jacob Hennig stammt aus dem Jahre 1672. Von den Grabdenkmälern sollen hier stellvertretend nur jene mit den knieenden, farbig gefassten Figuren des Hans Heinrich von Schönberg († 1615) und seiner Frau Elisabeth Drothin (von Trotha, † 1617), genannt werden.

*▲ Epitaph Elisabeth Drothin, Detail († 1617)*
*▼ Innenraum mit Silbermann-Orgel*

*Die ältesten Teile der Kirche von Reinhardtsgrimma, der Westturm und die Sakristei, gehen noch auf die romanische Zeit zurück; ihr Chor entstand um 1600, das Langhaus erhielt seine heutige Form durch einen tiefgreifenden Umbau, der 1742 durch Andreas Hünigen erfolgte. Der langgestreckte einschiffige Bau mit schmalerem, zweijochigem Chor ist im Inneren flachgedeckt, nur der Chor wird von einem Netzgewölbe überspannt. Der Raumeindruck wird wesentlich von den zweigeschossigen Emporen und Logeneinbauten bestimmt.*

**Ev.-Luth. Pfarrkirche · Reinhardtsgrimma**

**Evangelische Gottesdienste**
sonntags, abwechselnd
9 bzw. 10.30 Uhr

**Öffnungszeiten**
nach Vereinbarung

**Anschrift**
Ev.-Luth. Kirchgemeinde
01768 Reinhardtsgrimma
Tel. (03 50 53) 4 86 85

# Ev.-Luth. Kirche · Schönfeld bei Weißig

*Der kleine Ort Schönfeld, heute Teil der nordöstlich Dresdens gelegenen Gemeinde Schönfeld-Weißig, ist vor allem wegen seines malerischen Renaissance-Wasserschlosses bekannt, dessen Äußeres in den letzten Jahren gründlich restauriert wurde. In seiner unmittelbaren Nachbarschaft steht die Schönfelder Pfarrkirche, deren Bau in seinem Kern eigentlich noch älter als das Schloss ist.*

▲ *Außenansicht, Blick auf den Chor*
▼ *Renaissanceschloss Schönfeld*

**Evangelische Gottesdienste**
sonntags 9.30 Uhr

**Öffnungszeiten**
nach Vereinbarung

**Anschrift**
Ev.-Luth. Kirchgemeinde Schönfeld
Borsbergstraße 6
01474 Schönfeld
Tel. (03 51) 2 61 85 72

## Altargemälde von Jonas Eywigk aus Pirna

Die langgestreckte Saalkirche stammt noch aus der Zeit der Nachgotik bzw. Renaissance, der Bau des Chors wurde vermutlich erst 1676 vollendet. Umgestaltungen im Sinne der denkmalpflegerischen Auffassungen des späten 19. Jahrhunderts veränderten jedoch teilweise ihr Äußeres, so wurden beispielsweise Strebepfeiler abgebrochen und Fenstergewände neu gefasst. Ihr Schiff trägt eine Flachdecke; nur der Chor wurde mit Sterngewölbe und gotisierendem Fenstermaßwerk noch in spätmittelalterlichen Formen gestaltet. Im ersten Drittel des 19. Jahrhunderts wurden die schlichten, hölzernen Emporen an beiden Längsseiten der Kirche eingebaut.

Die Ausstattung der Kirche ist im wesentlichen frühbarock. Der Altar wird von einem Aufsatz mit Gemälden des Pirnaer Künstlers Jonas Eywigk aus dem Jahre 1658 geschmückt: Die Predella zeigt die Geburt Christi; im Mittelfeld ist das Abendmahl dargestellt, darüber die Kreuzigung. (Weitere Werke des Malers können z. B. in Lauenstein und Sadisdorf sowie in Taubenheim bei Meißen besichtigt werden.) Kanzel und Taufe – beide aus Sandstein und mit Skulpturenschmuck versehen – sind dem ausgehenden 17. Jahrhundert zuzuordnen. Die Jahn-Orgel aus dem Jahre 1904 (zweimanualig, 25 Register) wurde bei Restaurierungen klanglich verändert.

▲ *Nicolaikirche, Außenansicht*

## Ev.-Luth. Friedhofskirche St. Nicolai

Die evangelische Nicolaikirche ist das älteste Baudenkmal der Stadt. Die im 2. Viertel des 13. Jahrhunderts geschaffene dreischiffige Pfeilerbasilika ohne Turm widerspiegelt in ihrem Baukörper noch klar die architektonischen Prinzipien der Romanik (räumliche Gliederung der Bauteile, Rundbogenfenster, umlaufender Fries unterhalb des Dachgesimses und der Giebel); in einer Reihe von Details (Spitzbogigkeit von Portalen, Arkaden und Triumphbogen) deutet sich jedoch bereits der Übergang zur Gotik an. Ihr Inneres ist flachgedeckt, nur der Chor trägt ein Kreuzrippengewölbe. Reste gotischer Wandmalereien und Kunstwerke (u. a. ein Schnitzaltar und eine Kreuzigungsgruppe) vervollständigen das eindrucksvolle mittelalterliche Ambiente.

▼ *Stadtkirche St. Lorenz*

## Die Ev.-Luth Stadtkirche St. Marien und Laurentius

Die Stadtkirche St. Marien und Laurentius wurde um 1500 als spätgotische Hallenkirche mit einem eingezogenen, polygonal abschließenden Chor errichtet. Von einem Vorgängerbau aus romanischer Zeit blieben nur die vier unteren Geschosse des Westturmes erhalten. Ihr Langhaus – eine Halle von 3 x 3 Jochen auf fast quadratischem Grundriss mit an drei Seiten umlaufenden zweistöckigen Emporen – lehnt sich an das Vorbild des Freiberger Doms an; ein Sterngewölbe wird von schlanken, gekehlten Achteckpfeilern getragen. Nach einem Brand von 1632 wurde die Kirche bis 1638 durch Samuel Heber wiederhergestellt und an Wänden und Gewölben mit Malereien versehen.
Neben anderen wertvollen Ausstattungsstücken ist vor allem die hölzerne Kassettendecke im Chor erwähnenswert (Hans Panitz, 1640–42), auf deren 33 Tafeln Christus, Evangelisten, Apostel und Propheten dargestellt sind.

*Dippoldiswalde entstand Anfang des 13. Jahrhunderts im Anschluss an eine markgräfliche Burg auf einem Bergsporn über dem Tal der Roten Weißeritz. Bei seiner Gründung spielte besonders der seit 1266 erwähnte Silberbergbau eine Rolle, der später durch den auf Kupfer und Blei ausgedehnt wurde und erst 1864 zum Erliegen kam. Seit Mitte des 14. Jahrhunderts ist es als Stadt mit Befestigungsanlagen und einem eigenen Rat urkundlich bezeugt.*

**Evangelische Gottesdienste**
sonntags 10 Uhr

**Öffnungszeiten**
Stadtkirche:
täglich 9–18 Uhr
Friedhofskirche:
werktags 10–15 Uhr

**Anschrift**
Ev.-Luth. Pfarramt
Kichplatz 12
01744 Dippoldiswalde
Tel. (0 35 04) 61 41 82

# Kath. Kirche · Dolní Poustevna (Nieder-Einsiedel)

*Die Stadt Dolní Poustevna liegt in unmittelbarer Nähe zu Sebnitz; einer ihrer fünf Ortsteile ist durch einen Grenzübergang für PKW mit der sächsischen Stadt verbunden. Noch heute verbindet eine besondere Tradition beide Orte – die Seidenblumenmanufaktur, welche sich im 19. Jahrhundert im Gebiet um das Zentrum Sebnitz entwickelte. In den letzten Jahren vollzog sich – auch unter dem Einfluss der Grenzöffnung und des Besucherverkehrs – ein Aufblühen und rasches Anwachsen des Ortes, welcher heute ca. 2000 Einwohner zählt.*

**Katholische Gottesdienste**
**Sonntag 8 Uhr**

**Öffnungszeiten**
**Die Kirche ist auf Ersuchen zugänglich.**

**Anschrift**
**Farní úřad**
**čp. 112**
**407 82 Dolní Poustevna**
**(Nieder-Einsiedel)**

**St. Michael geweiht**

Die heutige katholische Kirche von Dolní Poustevna steht an einem Ort, an welchem sich schon lange vorher eine Kapelle befunden hatte. Im 19. Jahrhundert konnte dieses Kirchlein die rasch wachsende Gemeinde aber bald nicht mehr fassen, und so wurde ein Neubau beschlossen. Ab 1854 entstand die neue Kirche in zweijähriger Bauzeit und wurde am 1. September 1855 dem hl. Erzengel Michael geweiht. Dem Zeitgeschmack entsprechend, errichtete man sie als neogotischen Bau. Dem einschiffigen Kirchenraum ist ein gewölbter Chor angefügt, welcher sein Licht durch fünf schöne Buntglasfenster erhält. In die neue Kirche wurde der Altar des hl. Johannes von Nepomuk übernommen, welcher vorher seinen Platz in der alten Kapelle gehabt hatte. Er stammt aus dem Jahre 1769 und wurde von J. Hayek geschaffen. Das Bild im Hochaltar ist ein Werk aus dem Jahre 1826 und wurde von Johann Gruss aus Litoměřice/Leitmeritz gemalt. Es ist ein Geschenk der Gräfin Johanna Salm-Reiferscheidt. Die Orgel der Kirche stammt von der Firma Reiss aus Gersdorf, welche auch die denkmalgeschützte Orgel in Saupsdorf schuf.
Neben katholischen Gottesdiensten finden in der Kirche von Dolní Poustevna auch Konzerte statt, unter anderem gehört sie zu den regelmäßigen Gastgebern für Aufführungen im Rahmen des Festivals »Sandstein & Musik«.
Dolní Poustevna ist am günstigsten mit dem PKW über Sebnitz zu erreichen. Außerdem führt eine interessante Fahrradroute von Sebnitz über Dolní Poustevna weiter nach Vilémov, Jetřichovice und Hřensko und von hier nach Sachsen zurück.

▲ *Taufbecken*
▼ *Außenansicht*

# Wallfahrtskirche in Filipov (Philippsdorf)

▲ *Innenraum, Blick zur Orgelempore*
▼ *Altar*

## Basilika in neoromanischem Stil

Filipov/Philippsdorf, ursprünglich ein unbedeutendes Dorf an der Grenze Böhmens, entwickelte sich nun rasch zum Wallfahrtsort. Pilger aus dem weiten Umland des Ortes kamen hierher, um ebenfalls Genesung zu finden. An der Stelle des Häuschens, in dem Magdalena Kade gewohnt hatte, wurde zunächst eine Kapelle erbaut und 1870 der Grundstein für eine würdige Wallfahrtskirche gelegt. 1885 weihte man die Kirche »Maria, Helferin der Christen«; 1926 wurde sie durch Papst Pius XI. zur Basilika erhoben. Der beeindruckende Bau ist in neoromanischen Formen gestaltet; sein Äußeres zeigt mit Rundbogenfenstern, halbkreisförmigen Apsiden und einer romanisierenden Doppelturm-Westfront mit Friesen, Lisenen, und einem repräsentativen Stufenportal das ganze Formenvokabular jenes Stils. Auch das Innere der Basilika nimmt mit einem romanischen Pfeiler-Säulen-Stützenwechsel und einem Kreuzgewölbe, dessen Grate nur durch filigrane Schmuckrippen zusätzlich markiert sind, konsequent hochmittelalterliche Stilelemente auf. Betritt man die Kirche durch das Westportal, so gelangt man links vom Eingang in eine separat erbaute Kapelle, die auf dem Platz steht, wo einst Magdalena Kaden genas; neben einer Krippe steht noch heute das Bett, in welchem sie gelegen hatte. Neben den Stufen zur Kapelle sind ihre sterblichen Überreste beigesetzt, welche von den Gläubigen als Reliquien verehrt werden.

*Am 13. Januar 1866, morgens um 4 Uhr hatte in Filipov/ Philippsdorf Magdalena Kade – nach ärztlicher Auskunft unheilbar erkrankt und bettlägerig – eine Erscheinung: Das Zimmer, in dem sie lag, wurde plötzlich hell erleuchtet, die Jungfrau Maria stand vor ihr und sprach die Worte: »Mein Kind, von jetzt an heilt´s.« Magdalena Kade ging es bald besser, und sie wurde wieder gesund. Aus Dankbarkeit für dieses Wunder diente sie noch 40 Jahre lang den Alten und Kranken.*

**Katholische Gottesdienste**
**Mo. 18 Uhr, Mi. 8 Uhr, Do. 15 Uhr, Sa. 18 Uhr So. 10.30 Uhr; bei der Wallfahrt (13.1.) 4 Uhr; an allen 13. des Monats 10.30 Uhr**

**Öffnungszeiten**
**Die Kirche ist auf Ersuchen zugänglich.**

**Anschrift**
**Farní úřad**
**Náměstí 15, 407 15 Jiřikov**
**(Georgswalde)**

# Kath. Loretokapelle und Klosterkirche · Rumburk (Rumburg)

*Als in der beginnenden Barockzeit der Marienkult in Böhmen eine Erneuerung erfuhr, entstanden in mehreren Orten des Landes sogenannte »Loretokapellen«. Ihren Namen erhielten sie nach dem italienischen Städtchen Loreto bei Ancona. Dorthin soll nach einer Legende aus dem 15. Jh. durch Engel das Haus, in dem Maria in Nazareth gewohnt hatte, übertragen worden sein. Über diesem legendären Haus wurde nach dem Entwurf des Baumeisters Bramante eine Renaissancekapelle (1587) erbaut, die sich bald zu einem berühmten Wallfahrtsort entwickelte.*

**Katholische Gottesdienste**
**Mo. 18 Uhr, Mi. 8 Uhr,**
**Do. 15 Uhr;**
**Klosterkirche: Sa. 18 Uhr**

**Öffnungszeiten**
**Loretokapelle tägl. 13-17 Uhr**

**Anschrift**
**Dekánský úřad**
**Dobrovského nám. 11**
**40801 Rumburk (Rumburg)**
**Tel./Fax 00420 (413) 33 45 36**

▲ *Loreto-Kapelle*
▼ *Prophet Zacharias (Skulptur in einer Nische der Kapellenaußenwand)*

**Getreu dem italienischen Urbild – doch Sandstein statt Marmor**

Bauherr der Loretokapelle in Rumburk war Fürst Anton Florian Liechtenstein. Er beauftragte den Architekten Johann Lukas Hildebrandt mit ihrer Errichtung, und in den Jahren von 1704 bis 1709 entstand ein prächtiges Bauwerk. Hildebrandt hielt sich in Aufbau und programmatischer Ausgestaltung der Kapelle treu an das italienische Vorbild; doch für die zahlreichen Skulpturen (Sybillen und Propheten) und Reliefs (Episoden aus dem Marienleben), die ihre Außenseite schmücken, ließ er den Bildhauer Franz Bienert einheimischen Sandstein statt des carrarischen Marmors verwenden. Im Innenraum der Kapelle befindet sich als wichtigstes Ausstattungsstück die geschwärzte Statue einer Madonna mit Kind (Rom 1694).

Der Kreuzgang um die Loretokapelle (1743–49) ist mit Deckengemälden nach Motiven aus dem Marienleben, vier Altären und 14 großen Bildern zu Stationen des Leidensweges Christi geschmückt; für die zwölfte Kreuzwegstation wurde eine eigene Kapelle (»kalvatia« genannt) errichtet.
Die Klosterkirche der Kapuziner entstand – ebenfalls unter Fürst Anton Florian Liechtenstein – einige Jahre vor der Loretokapelle, zwischen 1683 und 1690. Das Hochaltarbild in diesem barocken Bauwerk mit der Darstellung des Martyriums des hl. Laurentius stammt von einem spanischen Meister und kostete allein 6000 Taler – eine für die damalige Zeit gewaltige Summe.
Die architektonische Rahmung des Hochaltars und die Kanzel wurden in den Jahren 1905/1906 von Rumburker Meistern in Neobarockformen gestaltet.

**Wertvolle Bildwerke sächsischer Künstler**

Neben dem Oberen (1522-71) und dem Unteren Schloss (1544) wurde 1553 mit der Fertigstellung der Gewölbe im Schiff auch der bereits 1483 begonnene Bau der Bensener Kirche »Maria Geburt« vollendet. Es ist eine vierjochige, dreischiffige Hallenkirche mit einem langgestreckten Chor. Ein mächtiger Glockenturm, insgesamt 45 m hoch, ist in seinem Unterbau (8 m Seitenlänge und fast 2,8 m Mauerstärke) wahrscheinlich der Rest einer alten Michelsbergischen Befestigungsanlage. Von der heutigen Innenausstattung sind neben dem Hochaltar mit dem Gemälde »Die Geburt der hl. Maria« und einigen barocken Seitenaltären zwei ältere Werke hervorzuheben: eine Renaissance-Sandsteinkanzel mit biblischen Reliefs und einem in der Gestalt Johannes des Täufers ausgebildeten Fuß sowie ein gotisches, achteckig-kelchförmiges Taufbecken. Die wertvollsten Kunstwerke befinden sich in einem Anbau der Kirche, der sogenannten Salhausen-Kapelle, in welcher die verstorbenen Mitglieder der Salhausen-Familie bestattet sind. Es handelt sich um Gruftplatten und Epitaphien, die u. a. von Künstlern gestaltet wurden, die der sächsischen Nosseni-Schule zuzuordnen sind und zu den besten Spätrenaissancekünstlern ihrer Zeit gezählt werden, insbesondere Michael Schwenke und Lorenz Hornung bzw. Hörnig aus Pirna. Auch Hans Köhler aus Meißen stand Ende des 16. Jahrhunderts zeitweise im Dienste der Salhausener und schuf Werke für die Gruftkapelle. Unter den wertvollen Reliefkunstwerken verdienen die Epitaphien für Wolf und Hans von Salhausen besondere Beachtung.

▲ *Detail eines in die Außenwand eingemauerten Epitaphs*
▼ *Ansicht von Südosten*

*Die Geschichte der Stadt Benešov/Bensen reicht bis mindestens ins 13. Jahrhundert zurück. Im Mittelalter stand sie abwechselnd unter der Herrschaft der Adelsgeschlechter von Michelsberg und von Wartenberg, bis die Herrschaft Scharfenstein, zu der die Stadt gehörte, im Jahre 1515 vom sächsischen Adelsgeschlecht der Salhausener erworben wurde. Diese Zäsur leitete einen neuen Entwicklungsabschnitt Bensens ein, der unter anderem durch rege Bautätigkeit gekennzeichnet war.*

**Katholische Gottesdienste**
**So. 8 Uhr, Mo. 17.30 Uhr, Mi. 16 Uhr, Do./Fr. 17.30 Uhr**
**Wallfahrt: 8. September**

**Öffnungszeiten**
**Die Kirche ist auf Ersuchen zugänglich.**

**Anschrift**
**Farní úřad**
**Kostelní 70, 407 22 Benešov nad Ploučnicí**

# Kirche des hl. Franciscus von Assisi · Děčín-Podmokly (Tetschen-Bodenbach)

*In der Mitte des 19. Jahrhunderts wuchs durch Zuzüge – besonders gefördert durch den Bau der Eisenbahnlinie Dresden – Prag zwischen 1848 und 1851 – die Einwohnerzahl von Podmokly (Bodenbach), einem heutigen Ortsteil von Děčín (Tetschen), derart schnell, dass das Bedürfnis nach einer im Inneren des Ortes liegenden katholischen Kirche immer größer wurde. Ein Kirchenbauverein sammelte Geld, und der Tetschener Graf stellte als Kirchenpatron Bauland und Baumaterialien zur Verfügung.*

**Katholische Gottesdienste**
**So. 8 Uhr, Mo. 17.30 Uhr**
**Mi. 16 Uhr, Do./Fr. 17.30 Uhr**

**Öffnungszeiten**
**Die Kirche ist auf Ersuchen zugänglich.**

**Anschrift**
**Farní úřad**
**Husovo nám. 99/13**
**405 02 Děčín IV.-Podmokly**

*▲ Außenansicht*
*▼ Hochaltar*

**Neoromanischer Bau mit wertvollem Hochaltar**

1856 erfolgte die feierliche Grundsteinlegung für die neue Kirche. Unter Leitung des Baumeisters Josef Perthen wurde bis zum Frühjahr 1858 der Bau im wesentlichen vollendet. Nach der Fertigstellung des Innenausbaus wurde die Kirche 1861 dem heiligen Franciscus von Assisi geweiht. Der einschiffige neoromanische Bau besitzt eine Flachdecke und eine polygonale Apsis. Sein Äußeres ist durch charakteristische Bauformen und Schmuckelemente gegliedert: Schmale Rundbogenfenster, Säulen mit Blattkapitellen, Lisenen und Rundbogenfriese. Die Länge des inneren Kirchenraumes beträgt ca. 23 Meter, seine Breite 11, seine Höhe 5 Meter. An den Längsseiten deuten jeweils fünf sich in Rundbögen zum Schiff öffnende niedrige Kapellennischen die Seitenschiffe einer Basilika an; in einigen von ihnen befinden sich Altäre bzw. Statuen. Der ursprüngliche Hochaltar – eine gotisierende Holzschnitzarbeit von Wustl, jetzt in Teilen in einer Seitenkapelle aufgestellt – wurde 1966 durch einen prächtigen Renaissancealtar (Franz Dietrich/ Ditterich d. Ä. aus Freiberg, 1605) mit Reliefs (Abendmahl, Kreuzigung, Auferstehung, als Bekrönung der Stammbaum Jesse) ersetzt, welcher aus der Kirche St. Michael in Krásný Studenec (Schönborn) stammt.

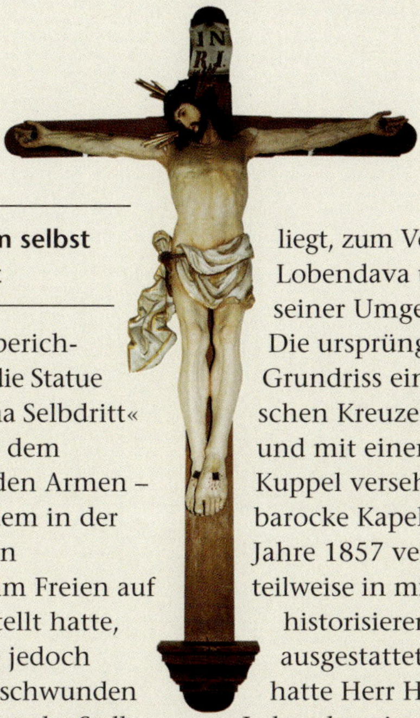

## Gnadenbild am selbst gewählten Ort

Eine Legende berichtet, dass man die Statue – eine »Hl. Anna Selbdritt« mit Maria und dem Jesuskind auf den Armen – zunächst auf dem in der Nähe gelegenen Joachimsberg im Freien auf ein Podest gestellt hatte, von wo aus sie jedoch über Nacht verschwunden war. Sie wurde an der Stelle im Wald gefunden, wo heute die Kapelle steht. Man glaubte an einen Streich und brachte sie wieder zu ihrem ursprünglichen Standort, doch es geschah das Gleiche noch einmal. Hierin erkannte man ein Zeichen und ließ die Statue an dem Ort, den sie sich offenbar selbst ausgewählt hatte, und der nach dem Bau der Kapelle den Namen »Annaberg« erhielt. – Der Annaberg entwickelte sich bald zum Wallfahrtsort, und das jährliche Annafest am Sonntag, welcher dem 26.7. am nächsten liegt, zum Volksfest für Lobendava und die Orte seiner Umgebung.

Die ursprünglich auf dem Grundriss eines griechischen Kreuzes errichtete und mit einer achtseitigen Kuppel versehene spätbarocke Kapelle wurde im Jahre 1857 vergrößert und teilweise in mittelalterlich-historisierender Weise ausgestattet. Bereits zuvor hatte Herr Hentschel aus Lobendava im Jahre 1834 einen Kreuzweg mit Bildern des italienischen Malers Giuseppe Vicentini aufstellen und sechs Jahre später im Freien vor der Kirche einen »Garten Gethsemane« gestalten lassen, in welchem ein Skulpturenensemble (F. Pettrich) Christus mit seinen Jüngern am Ölberg darstellt. 1988/89 wurden Kapelle und Kreuzweg restauriert. – Zur Zeit befindet sich die Figur der hl. Anna zumeist im zentralen Depot des Bistums Litoměřice (Leitmeritz); an Festtagen wird sie jedoch in die Kapelle übertragen.

▲ *Kruzifix*
▼ *Außenansicht*

*Der Annaberg ist eine teilweise bewaldete Kuppe (418 m ü.M.), knapp einen Kilometer östlich von Lobendava gelegen. 1775 oder 1776 wurde auf seiner Anhöhe der Grundstein zu einer Barock-Kapelle gelegt, welche ein Jahr später fertiggestellt und eingeweiht werden konnte. Anlass hierfür war der Schutz und die würdige Unterbringung einer spätgotischen St.-Annen-Statue, die der Lobendaver Handelsreisende Schlenkrich 1716 aus Sachsen mitgebracht und der Kirche seines Ortes geschenkt hatte.*

**Katholische Gottesdienste**
**Sonntag 16 Uhr**

**Öffnungszeiten**
**Die Kirche ist auf Ersuchen zugänglich.**

**Anschrift**
**Farní úřad**
**čp. 112**
**407 82 Dolní Poustevna**

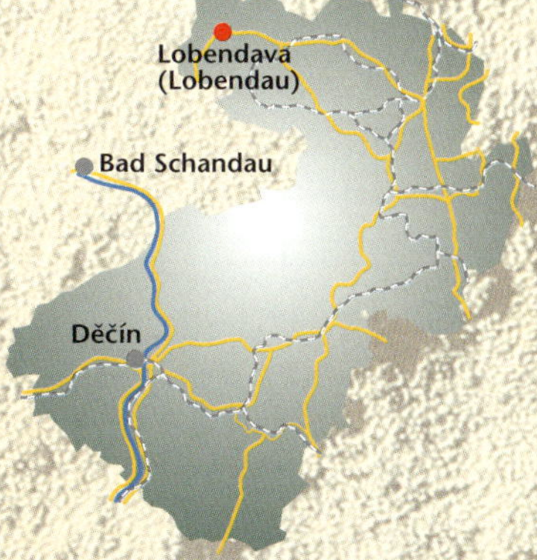

# Weitere Kirchen

▲ *Arnoltice (Arnsdorf)*
*Kirche Maria Himmelfahrt*

▲ *Všemily (Schemmel)*
*Felsenkapelle*

▲ *Lipová (Hainspach)*
*Kirche der Heiligen Simon und Juda*

▲ *Mikulášovice (Nixdorf)*
*Niklaskirche*

▲ *Lobendava (Lobendau)*
*Kirche der Heimsuchung Mariä*

▲ *Česka Kamenice (Böhmisch Kamnitz)*
*Dekanalkirche St. Jakob*

▲ *Srbská Kamenice (Windisch Kamnitz)*
*Kirche des Heiligen Wenzeslaus*

▲ *Staré Křečani (Alt-Ehrenberg)*

▲ *Jiřetín pod Jedlovou*
*(St. Georgental unterm Tannenberg)*
*Dreifaltigkeitskirche*

▲ *Varnsdorf (Warnsdorf)*
*Dekanalkirche St. Peter und Paul*

▲ *Šluknov (Schluckenau)*
*Wenzelskirche*

▲ *Velký Šenov (Großschönau)*
*Bartholomäuskirche*

▲ *Jiříkov (Georgswalde)*
*St.-Georgs-Kirche*

▲ *Krásná Lípa (Schönlinde)*
*Kirche der hl. Maria Magdalena*

▲ *Doubice (Daubitz)*
*Kirche zu Ehren Maria Himmelfahrt*

▲ *Chřibská (Kreibitz)*
*St.-Georgs-Kirche*

▲ *Jílové (Eulau)*
*Dreifaltigkeitskirche*

▲ *Libouchec (Königswald)*
*Kirche der Heiligen drei Könige*

## Romanik – Die Kunst des Hochmittelalters

(in Deutschland ca. 1000 bis 1250)

***Der Erde fest verbunden***
*Die Stilepoche der Romanik erhielt ihren Namen wegen der Wiederverwendung von Architekturmotiven – insbesondere Säulen und Rundbögen – aus der römischen Antike.*

**Stilmerkmale:**
dicke, schwere Mauern, additiver Massenbau (relative Selbstständigkeit der einzelnen Teil-Baukörper, die dadurch wie aus einem Baukasten zusammengefügt erscheinen), große Wandflächen mit kleinen Fensteröffnungen, dadurch wehrhaft-geschlossene, bisweilen monumental-wuchtige Wirkung; Rundbögen an Portalen und Fenstern; gedrungene Türme; zuerst nur flache Balkendecken, in späterer Zeit auch Kreuzgrat- und Kreuzrippengewölbe; herrschender Kirchenbau-Typ: Basilika (erhöhtes Mittelschiff mit eigenen Fenstern), im Grundriss gebundenes System, d. h., Teilflächen entstehen durch Aneinanderreihung des Vierungsquadrates; romanische Bildkunstwerke (Malereien, Skulpturen) wirken stark stilisiert und kaum »bewegt« oder »lebensnah«

*▲ Langenhennersdorf, Taufstein*
*▼ Langenhennersdorf, romanisches Portal*
*▶ Dorf Wehlen, romanische Apsis*

**Romanik in Kirchen der Sächsischen Schweiz:**

Romanische Kirchenbauten sind in der Sächsischen Schweiz nur noch in Resten erhalten, die in spätere Umbauten integriert wurden. Solche Bauteile, die dennoch die Eigenarten dieser Stilepoche deutlich erkennen lassen, finden sich beispielsweise in den Kirchen von Struppen, Stürza, Dorf Wehlen, Langenhennersdorf oder Stolpen-Altstadt.

Die nächstgelegene nahezu vollständig erhaltene romanische Kirche, die sehr klar die Baugliederung einer hochmittelalterlichen Basilika zeigt, steht in Dippoldiswalde (Nicolaikirche).
Die Namen von Baumeistern und Künstlern der Romanik sind in der Regel nicht überliefert.

## Gotik – Die Kunst des Spätmittelalters

(in Deutschland ca. 1250 bis 1550; 1480 bis 1550 Spätgotik/Frührenaissance)

***Streben nach Unendlichkeit***
*Die Stilepoche der Gotik erhielt ihren Namen von klassisch gesinnten Literaten der Renaissance, die damit Werke des Spätmittelalters als – aus ihrer Sicht – barbarisch, hässlich und unharmonisch kennzeichnen wollten.*

**Stilmerkmale:**
Vertikalisierung des Raumes, d. h., das Verhältnis von Höhe zu Breite des Baukörpers veränderte sich stark zugunsten der Höhe; Auflösung der Wandflächen durch große, vielfarbige Glasfenster; Ausprägung komplizierterer Gewölbeformen wie Stern-, Netz- und Zellengewölbe; Ablösung des Massenbaus durch eine »Skelettbauweise«, d. h., die durch ihre Auflösung »geschwächten« Wandflächen wurden durch Spitzbögen und ein kompliziertes System von Strebepfeilern beim Abfangen des Mauer- und Gewölbedruckes unterstützt; in der Spätgotik zunehmende Ablösung des Bautyps der Basilika durch Hallenkirchen; Sonderform: Backsteingotik (vereinfachte Zierformen, größere Flächigkeit der Wand). Malerei und Holzbildhauerei entwickelten sich; Andachtsbilder, Schnitz- und Tafelaltäre mit ausdrucksstarken figürlichen Darstellungen entstanden in großer Zahl

**Gotik in Kirchen der Sächsischen Schweiz:**
Gotische Bauteile weisen heute noch relativ viele der Kirchen auf, deren Baugeschichte bis in die Zeit des Mittelalters zurückreicht. Am häufigsten wurden bei Erneuerungs- oder Erweiterungsbauten die Chöre mit in den neuen Bau übernommen, dies geschah z. B. bei den Kirchen in Neustadt und Stolpen. Stilreine Hochgotik zeigt die Kirche des ehemaligen Pirnaer Dominikanerklosters, in der sich u. a. auch ein sehr schöner gotischer Schnitzaltar befindet (weitere z. B. in Reinhardtsdorf und Dohna). Die spätgotische

Marienkirche Pirna mit ihrer reichen Innenausstattung gehört zu den Spitzenleistungen deutscher Baukunst ihrer Zeit. Namen: Peter Ulrich von Pirna, Markus von Pirna

▲ *Dohna, spätgotisches Zellengewölbe*
◀ *Ottendorf, gotisches Maßwerkfenster*
▶ *Pirna, Mondsichelmadonna von der Kanzel (Franz Maidburg)*

**Renaissance – Die Kunst der frühen Neuzeit**

(in Deutschland
ca. 1500 bis 1650;
1580 bis 1650
Spätrenaissance/
Manierismus)

***Humanismus und Reformation***

*Die Stilepoche der Renaissance erhielt ihren Namen von der geistigen Hauptströmung jener Zeit, dem Humanismus, dessen Anliegen die »Wiedergeburt« (ital.:«rinascimento«, frz. renaissance) von Idealen der Antike war. In Sachsen und anderen protestantischen Ländern verband sich dies zusätzlich mit spezifisch reformatorischem Gedankengut.*

**Stilmerkmale:**
Streben nach Klarheit, Schönheit, Ausgewogenheit; Ablösung des gotischen »Aufwärtsstrebens« durch Betonung der Waagerechten; harmonische Proportionierung von Baukörper-Teilen; Aufnahme von Gliederungselementen und Schmuckformen der Antike (z. B. kannelierte Säulen und Pilaster, Dreiecksgiebel; Nutzung von Abwandlungen der klassischen römischen Kapitale für Inschriften – »Antiqua«-Schriften), Bereicherung durch spezifische Formen wie Beschlagwerk; Kassettendecken, oft reich geschmückt; Ablösung der gotischen Flügelaltäre durch mehrgeschossige Retabelkonstruktionen mit didaktisch konzipiertem Bildprogramm entsprechend den Grundsätzen des evangelischen Glaubensbekenntnisses, realistische Natur- und Menschendarstellung in Bildkunstwerken

**Renaissance in Kirchen der Sächsischen Schweiz:**
Im Zeitraum zwischen 1550 und 1650 wurden in der Sächsischen Schweiz nur wenige Kirchen neu gebaut; oft ging es darum, vorhandene Bauhüllen dem neuen Zeitgeschmack und Anforderungen der evangelisch-lutherischen Liturgie anzupassen. Bildwerke an Emporenbrüstungen, Taufsteinen, Kanzeln und Altären widmen sich der Aufgabe, anhand biblischer Geschichten aus dem Alten und Neuen Testament die reformatorischen Glaubensgrundsätze zu veranschaulichen. Wichtige Bauten und Werke finden sich unter anderem in Zuschendorf, Liebethal, Ottendorf, Bad Schandau, Sebnitz und Pirna. Hauptmeister von weit überregionalem Rang sind die Pirnaer Bildhauer Michael und David Schwenke sowie Lorenz Hornung (auch »Hörnig(k)«); Baumeister z. B. Wolf Blechschmidt, Pirna.

▲ *Pirna-Zuschendorf, Chorraum*
▼ *Pirna, Relief vom Schwenke-Altar*

**Barock – Die Kunst im Zeitalter des Feudalabsolutismus**

(in Deutschland
ca. 1650 bis 1770;
1730 bis 1770 Rokoko)

***Repräsentation und Lebensfreude***
*Die Stilepoche des Barocks erhielt ihren Namen vom italienischen »barucco« (frz. »baroque«), der Bezeichnung für eine »schiefrunde«, unregelmäßig geformte Perle. Dies geschah zuerst – aus der Sicht der bürgerlichen Aufklärung – in abwertendem Sinne, um die Kunstformen als verschroben, exzentrisch, mönströs zu kennzeichnen.*

**Stilmerkmale:**
Streben nach Ausdruck von Leidenschaft, Dynamik, Kraft, Pracht und Fülle; enges Zusammenspiel aller Künste mit dem Ziel, den Rezipienten tief zu beeindrucken; geschwungene, bewegte Formen, Aufbrechen von geraden Baufronten, gegenseitiges Durchdringen und Ineinander-Übergehen von Bauteilen; illusionistische Raumauflösung, z. B. durch große Deckengemälde; Weiterentwicklung des Zentralbaus; Verwendung oder Imitation kostbarer Materialien (Marmor/Stuckmarmor, reiche Farbigkeit und Vergoldungen), in protestantischen Kirchen Entwicklung des Kanzelaltars (im Idealfall Übereinanderstehen von Altar, Kanzel und – bei genügend Platz – Orgel)

**Barock in Kirchen der Sächsischen Schweiz:**
Der Kirchenbau in der Sächsischen Schweiz erhielt während des Barocks wichtige Impulse aus der nahen Residenz Dresden (insb. durch George Bähr und sein Umfeld). Aufgrund der beschränkten finanziellen Mittel der Auftraggeber, die zu Sparsamkeit zwang, wurden aber gerade in kleineren Orten oft regionale Handwerker auch mit Gestaltungsaufgaben betraut, woraus bisweilen eine gewisse Schlichtheit und Naivität der Darstellung resultierte. Wichtige Bauten bzw. Kunstwerke aus der Zeit des Barocks sind unter anderem in Hohnstein, Stolpen, Borna, Reinhardtsdorf und Langenhennersdorf zu finden. Bei den Bauten in Papstdorf und Lohmen verbanden sich bereits barocke und klassizistische Baugesinnung miteinander.

▲ *Bad Schandau, Kanzel*
▼ *Weesenstein, Schlosskapelle*

**Klassizismus –
Kunst im Geist der Aufklärung**

(in Deutschland
ca. 1770 bis 1840)

***Antike-Rezeption in kühler Glätte***

*Die Stilepoche des Klassizismus erhielt ihren Namen nach dem Bestreben, Kunst- und Bauwerke mit dem überlieferten Formenvokabular der griechischen bzw. römischen Antike (»Klassik«) zu realisieren. Grundlage für ihr Entstehen war die – in Deutschland vor allem durch Lessing und Winckelmann geprägte – Geisteshaltung und Kunstauffassung der bürgerlichen Aufklärung.*

**Stilmerkmale:**
Streben nach »klassischer« Strenge und Klarheit der Formen, in der Architektur insbesondere Verwendung von Elementen und komplexen Strukturen aus der antiken Baukunst, z. B. klassische Portikus-Architekturen mit Säulen, Architraven und Giebeln bei der Gestaltung von Kirchenportalen oder als »Rahmung« von Kanzelaltären; Verwendung von Einzelschmuckformen wie Eierstab oder amphorenartigen Vasen; in der Plastik Bevorzugung von weißem, glattpoliertem Marmor; Figuren vorwiegend in ruhigen, edlen Posen. Im Vergleich zur antiken Kunst wirkt die klassizistische jedoch kühler, sachlicher, konstruierter; sie erreicht nicht die Ausdrucksstärke und Lebensfülle der »echten« Klassik.

▲ *Stürza, Orgelprospekt*
▼ *Börnersdorf, Altarraum*

**Klassizismus in der Sächsischen Schweiz**
Besonders das Innere einer ganzen Reihe von Kirchen in der Sächsischen Schweiz ist klassizistisch gestaltet. Dies hängt vor allem damit zusammen, dass Modernisierungsvorhaben, die teilweise zuerst wegen der lange nachwirkenden Folgen des Dreißigjährigen Krieges und später wegen der Kriege der »Augusteischen« Zeit über viele Jahrzehnte hin aufgeschoben worden waren, in der Zeit der wirtschaftlichen Konsolidierung Sachsens – etwa ab 1780 – in Angriff genommen werden konnten. Die »Bauhüllen« der Kirchen wurden dabei in der Regel kaum wesentlich verändert. Charakteristische Beispiele für klassizistische Interieurs finden sich z. B. in der Stadtkirche Königstein sowie in den Kirchen zu Börnersdorf, Breitenau, Oelsen und Lichtenhain.

**Neostile – Rückgriffe auf die Vergangenheit**

(in Deutschland ca. 1800 bis 1910)

***Architekturgeschichte als Baukasten***

*Die sogenannten »Neostile« sind formale Rückgriffe auf Stilepochen vergangener Zeiten. Sie werden insgesamt auch als »Historismus« bezeichnet. Eine besondere Form des Historismus ist der Eklektizismus. Als »Eklektiker« (»Auswähler«) wurden ursprünglich jene griechischen Philosophen bezeichnet, die sich aus den Lehren anderer das ihnen jeweils Zusagende übernahmen und miteinander verbanden; in der Architektur ist dies analog auf die Übernahme und Vereinigung von Bauformen unterschiedlicher Epochen zu beziehen.*

▲ *Neustadt, neogotischer Orgelprospekt*

**Stilmerkmale:**
Der Historismus hatte unterschiedliche Ursachen. Eine romantisierende Hinwendung zu den mittelalterlichen Wurzeln der eigenen Geschichte ließ zunächst Formen der Gotik wiederauferstehen; das sich entwickelnde Bildungsbürgertum verwies mit Bauten im Renaissancestil auf seine Ambitionen, später zeigte man mit übertrieben barocker Pracht den erworbenen Wohlstand bzw. nahm im mit neoromanischen Stilzügen Bezug auf die trutzig-erdverbundenen Bauten der idealisierten hochmittelalterlichen Kaiserzeit. Äußerliche Erkennungszeichen von Neostil-Bauten sind z. B. zu »rein«-schematisch angewandte Formen (wie sie in ihren langsam »gewachsenen« historischen Vorbildern kaum vorkamen), die offenkundige Anwendung von neuen, maschinellen Bearbeitungstechnologien (z. B. Steinsägen u. ä.) und Materialien oder die Mißachtung stiladäquater Proportionen und Strukturen (z. B. oft viel zu große »romanische« Rundbogenfenster).

▼ *Sebnitz, neogotische Kirche*

**Neostile in Kirchen der Sächsischen Schweiz**
Neoromanik:
z. B. Saupsdorf, St. Marien Königstein, Cunnersdorf, Rosenthal, Stadt Wehlen)
Neogotik:
z. B. Kunigundenkirche Pirna, Jakobikirche Neustadt, Katholische Kirche Sebnitz, Evangelisch-Lutherische Kirche Berggießhübel)
Neoromanik/Neogotik:
z. B. Krippen

▲ *Cunnersdorf, neoromanische Kirche*

Neorenaissance:
z. B. Altar und Kanzel in Struppen
Neobarock:
z. B. Haube der Stadtkirche Stolpen, Altar und Emporen in Burkhardswalde, Ausstattung Saupsdorf
Baumeister z. B.
Kirchenbaumeister Theodor Quentin, Pirna, Christian Friedrich Arnold, Dresden, Oskar Hofmann, Königstein, Landbaumeister Karl Adolf Traugott Canzler, Gotthilf Ludwig Möckel, Dresden

# Personenregister

▲ *Inschrift auf dem Grabkreuz von C. H. Nicolai, Lohmen*

**Hinweis:** In der folgenden Übersicht sind nicht alle im Text erwähnten Namen aufgeführt, aus Platzgründen wurde eine Auswahl von Persönlichkeiten getroffen, die u. E. für unser Thema besonders bedeutsam sind.


**Aglio**, Andrea Salvatore
(* 1736 in Arzo, † 1786)
Hofmarmorierer (Marmorsteinmetz und Maler auf Marmor), Dresden
Werke u.a. in Borna und Dresden
S. 57

**Arnold**, Christian Friedrich
(* 1823 in Drebach, † 1890 in Dresden)
Architekt aus Dresden, Bauten v. a. historist.-eklektizist. Auffassung
Werke u. a. in Stadt Wehlen und Dresden
S. 50

**Bähr**, George
(* 1666 in Fürstenwalde bei Lauenstein, † 1738 in Dresden)
Ratszimmermeister in Dresden, ein Hauptmeister des sächsischen Barocks
Werke u. a. in Hohnstein, Dresden (Frauenkirche), Schmiedeberg
S. 22, 25, 31, 51

**Bellotto**, Bernardo, gen. Canaletto
(* 1720 in Venedig, † 1780 in Warschau)
Landschaftsmaler,
schuf u.a. 11 Veduten von Pirna
Werke u. a. in Dresden
S. 15

**Blechschmidt**, Wolf
(zuerst erwähnt in Merseburg, † 1560 in Pirna)
Ratsbau- und Steinmetzmeister in Pirna
Werke u. a. in Pirna und Marienberg
S. 14

**Bienert**, Franz (auch Biener, Binner)
(* um 1681/82, † 1742 in Wien)
Stukkateur, Bildhauer (Architekt)
Werke u. a. in Rumburk und Hainewalde
S. 66

**Bünau**, von
altes sächsisches Adelsgeschlecht, dessen Vertreter u. a. in Weesenstein, Lauenstein und Liebstadt residierten (Begräbnisstätten u.a. in Dohna, Liebstadt, Lauenstein und Burkhardswalde)
S. 20, 21, 22, 43, 44, 60

**Canzler**, **Carl Adolf**
(* 1818 in Bautzen, † 1903 in Dresden)
Architekt, Oberlandbaumeister
Werke u. a. in Pirna und Dresden
S. 41

**Carlowitz**, von
altes sächsisches Adelsgeschlecht, dessen Vertreter u.a. in Zuschendorf und Liebstadt residierten (Begräbnisstätten u.a. in Zuschendorf, Röhrsdorf, Dohna und Ottendorf)
S. 20, 39, 40

**Ditterich**, Franz, d. Ä. (auch Dietrich)
(* 1557 in Freiberg, † 1607 in Freiberg)
Bildhauer aus Freiberg
Werke u. a. in Ottendorf, Tetschen-Bodenbach und Freiberg
S. 39

**Eule**, Hermann
(* 1846, † 1929 in Bautzen)
Orgelbaufirma in Bautzen, gegründet 1872)
Werke u. a. in Cotta, Ehrenberg, Helmsdorf, Neustadt, Pirna-Liebethal, Reinhardtsdorf-Schöna, Stolpen, Sebnitz
S. 28, 42, 47, 52, 53, 57, 58

**Eywigk**, Jonas
(tätig Mitte des 17. Jh. in Sachsen )
Maler aus Pirna
Werke u.a. in Schönfeld, Taubenheim, Sadisdorf, Lauenstein
S. 62

**Fehre**, Johann Christian
(†1720 in Dresden)
Festungsmaurermeister und Oberältester der Innung in Dresden
Werke u. a. in Königstein und Dresden-Loschwitz
S. 31

**Göding**, Andreas
(* um 1570 in Dresden, † um 1625 in Dresden)
Historien- und Bildnismaler, Sohn von Heinrich Göding d. Ä.
Werke u.a. in Liebethal
S. 47

**Göding**, Heinrich, d. Ä.
(* um 1531 in Dresden, † 1606 in Dresden)
seit 1562 Hofmaler des sächs. Kurfürsten August und seiner beiden Nachfolger, Cranach-Schüler
Werke u.a. in Dresden, Zuschendorf, Pirna und Lohmen
S. 48

**Götzinger**, Wilhelm Leberecht
(* 1758 in Struppen, † 1818 in Neustadt/Sachsen)
Pfarrer in Neustadt/Sachsen von 1787 bis 1818, verfasste erste Beschreibung der Landschaft der Sächsischen Schweiz
S. 4, 52, 81

**Grünberger**, Jonas
(* Mitte 16. Jh.,† 1608)
Mitglied einer Steinmetzen- und Bildhauerfamilie aus Freiberg
Werke u.a. in Reinhardtsgrimma und Freiberg
S. 61

**Herbrig**, Christian Gottfried
(* 1772, † 1850)
Orgelbauer in Altstadt bei Stolpen
Werke u.a. in Bahratal und Dorf Wehlen
S. 59

**Herbrig**, Wilhelm Leberecht
(Sohn von Christian Gottfried. H.)
Orgelbauer in Langenwolmsdorf bei Stolpen
Werke u.a. in Langenwolmsdorf, Bahratal, Langenhennersdorf, Papstdorf, Stolpen-Altstadt, Stürza (Gehäuse erh.)
S. 25, 35, 51, 58

**Hilger**, Hans (auch Hillger, Hilliger)
Angehöriger einer Dresdner Glocken- und Stückgießerfamilie des 16./17. Jahrhunderts
Werke z.B. in Weesenstein, Liebstadt
S. 21

**Hofmann**, Oskar
(wirkte Mitte des 19. Jh.)
Maurermeister aus Königstein
Werke u. a. in Cunnersdorf und Rosenthal
S. 29, 30

**Homilius**, Gottfried August
(* 1714 in Rosenthal, † 1785 in Dresden)
bedeutender Bach-Schüler; Kirchenkomponist, Orgelvirtuose und Kreuzkantor (1755–85)
Werke: Oratorien, Kantaten, Motetten, Orgelwerke
S. 24, 30

**Hornung**, Lorenz
(auch Hörnigk, Hörnig, Hörnung)
(*Mitte 16. Jh. in Apolda, † 1624 in Pirna)
Bildhauer in Pirna, seit 1611 dort Obermeister der Bildhauer, Steinmetzen u. Maurer
Werke u.a. in Lauenstein, Pirna, Oelsen,Türmitz b. Aussig, Bensen,
S. 23, 56, 60, 67

**Hünigen**, Andreas
(* 1712, † 1781)
Architekt, Landbaumeister, Schüler Johann George Schmidts in Weesenstein ansässig
Werke u.a. in Reinhardtsgrimma, Weesenstein, Röhrsdorf
S. 22, 61

**Jahn**, Friedrich Nikolaus
(* 1798, † 1875)
Orgelbaumeister in Dresden; später Fortführung des Familienbetriebes durch Sohn Julius u. Enkel Johannes bis 1933)
Werke d. Fa. u.a. in Borna-Gersdorf, Krippen, Pirna, Pirna-Zuschendorf
S. 15, 40, 62

**Jehmlich**, Johann Gotthold
(* 1781, † 1862)
Begründer d. Orgelbauerfamilie J. (Dresden, Zwickau), Firma später Gebr. Jehmlich
Werke der Firma Jehmlich u.a. in Bad Gottleuba, Bad Schandau, Friedrichswalde, Königstein, Lichtenhain, Liebstadt, Pirna, Porschdorf, Porschendorf, Sebnitz, Stürza, Stadt Wehlen
S. 18, 20, 31, 33, 36, 41, 50, 56, 58, 59, 60

**Johann v. Sachsen** (»Philaletes«)
(* 1801, † 1873)
König von Sachsen 1854 bis 1873
Regent, Staatsmann und Gelehrter (mit besonderer Beziehung zu Schloss Weesenstein)
S. 22, 43

**Kaden**, Hans von
(wirkte Ende 16. Jh.)
Maler aus Pirna
Werke u.a. in Langenhennersdorf
S. 35

**Kayser**, Johann Christian
(* 1750, † 1813)
Orgelbaumeister in Dresden
Werke u.a. in Lohmen
S. 48

**Kayser**, Johann Daniel
(wirkte in der 2. Hälfte des 18. Jh.)
Ratsmaurermeister in Pirna
Werke u.a. in Lohmen, Papstdorf und Pirna
S. 24, 48

**Kirchner**, Johann Gottlob
(* um 1706 in Merseburg, † in Berlin)
Bildhauer und Porzellanmodelleur, Dresden
Werke u.a. in Hohnstein und Dresden
S. 51

**Klengel**, Wolf Caspar von
(* 1630 in Dresden,
† 1691 in Dresden)
Architekt und Ingenieur, u.a. Archit.-Lehrer Augusts des Starken, Oberlandbaumeister
Werke u.a. in Dresden, Moritzburg, Dippoldiswalde, Festung Königstein
S. 32

**Klüppel**, Caspar
(auch Klippel, Klöppel, Klöpl)
(* 1591 in Pirna, † 1639 in Pirna)
Bildhauer aus Pirna
Werke u.a. in Maxen und Wilsdruff
S. 56

**Kotte**, Martin
(wirkte in 1. H. 17. Jh.)
Maler aus Schandau
Werke u.a. in Sebnitz
S. 18

**Köhler**, Hans, d. J.
(* 1616 in Meißen, † 1616 in Meißen)
Bildhauer aus Meißen, im Auftrag des Meißner Gechlechtes v. Salhausen zeitweise in Nordböhmen tätig
Werke u.a. in Bensen, Waltirsche b. Aussig und Schwaden b. Aussig)
S. 67

**Lauterbach**, Antonius
(* 1502 in Stolpen, † 1569 in Pirna)
erster evangel. Superintendent in Pirna, Schüler und Freund Luthers, gab u.a. programmatische Anregungen zu den Gewölbemalereien in St. Marien, Pirna
S. 9, 14, 17

**Maidburg**, Franz (auch Magdeburg)
(wirkte im 1. Drittel des 16. Jh.)
Bildhauer und Maler
Werke u.a. in Pirna, Annaberg und Torgau
S. 15, 73

**Möckel**, Gotthilf Ludwig
(* 1838 in Zwickau, † 1915 in Doberan)
Architekt, Dresden (Historismus, insb. Neogotik)
Werke u.a. in Neustadt/Sa., Cotta
S. 52, 57

**Nicolai**, Carl Heinrich
(* 1739 in Berlin, † 1823 in Lohmen)
Pfarrer an der Kirche zu Lohmen (1797 bis 1823)
verfasste 1801 den ersten Wanderführer für die Sächsische Schweiz
S. 5, 80

**Panitz**, Hans
(* vermutl. in Wilsdruff,
† 1674 in Dresden)
Maler in Dresden
Werke u.a. in Sebnitz, Dippoldiswalde und Glashütte
S. 18, 63

**Pellegrini**, Giovanni Antonio
(* 1675 in Venedig, † 1741 Venedig)
Maler in Dresden
Werke u.a. in Berggießhübel
S. 37

**Press**, Friedrich
(* 1904 in Ascheberg/Westfalen,
† 1990 in Dresden)
Bildhauer in Dresden
Werke u.a. in Pirna und Dresden
S. 2, 17

**Quentin**, Theodor
(* 1851 in Preußisch-Stargard,
† 1905 in Eisenach)
Kirchenbaumeister, Baurat in Pirna; restaurierte gegen Ende 19. Jh. eine Reihe von Kirchen im Sinne der denkmalpflegerischen Auffassungen jener Zeit
Werke u.a. in Pirna, Zuschendorf und Meißen
S. 40

**Schmidt**, Johann George
(* um 1707 in Fürstenwalde bei Lauenstein, † 1774)
Architekt, Dresden; Schüler und Nachfolger seines Vetters George Bähr
Werke u.a. in Weesenstein und Dresden
S. 22

**Schröter**, Karl August
(* 1811, † 1884 in Pirna)
Orgelbaumeister, vermutlich Schüler von F. N. Jahn, Dresden
Werke u.a. in Börnersdorf, Cunnersdorf
S. 29

**Schwenke**, David
(* 1575 in Pirna, † 1620 in Pirna)
Bildhauer, Bruder des Michael Schwenke, ab 1609 Vormeister der Pirnaer Bildhauer, Steinmetzen und Maurer
Werke u.a. in Pirna, Liebstadt
S. 21, 23

**Schwenke**, Michael
(* 1563 in Pirna, † 1610 in Pirna)
Bildhauer, Bruder des David sowie Vater von Hans u. Daniel Schwenke, 1603–1610 Obermeister d. Pirnaer Bildhauer, Steinmetzen und Maurer; Hauptvertreter der hervorragenden Pirnaer Bildhauerschule und bedeutendster sächsischer Bildhauer um 1600
Werke u.a. in Pirna, Lauenstein, Neschwitz und Benešov
S. 21, 23, 60

**Seidel**, Johann Heinrich (Vater) und Jacob Friedrich (Sohn), Traugott Jakob Hermann (Enkel)
(letzterer *1833 in Dresden,
† 1896 in Dresden)
Königliche Hofgärtner in Dresden, deren Spezialität die Sammlung und Züchtung von Kamelien, Azaleen und Rhododendren war (Sammlung heute in Zuschendorf)
S. 40

**Semper**, Gottfried
(* 1803 in Hamburg, † 1879 in Rom)
Architekt, arbeitete v.a. im Stil des Historismus, bevorzugt Neorenaissance
Werke u.a. in Dohna, Weesenstein, Dresden
S. 42

**Silbermann**, Gottfried
(* 1683 in Kleinbobritzsch bei Frauenstein, † 1753 in Dresden)
Orgelbaumeister, einer der bedeutendsten in der Zeit des Barocks
Werke u.a. in Dürrröhrsdorf-Dittersbach, Reinhardtsgrimma, Dresden, Freiberg u. v. a. Orten im südl. Sachsen
S. 48, 49, 61

**Tetzel**, Johann
(* um 1465 in Pirna, † 1519 in Leipzig)
Ablassprediger u. -verkäufer aus Pirna (Dominikaner), dessen Wirken u.a. zu Luthers Kritik an Missständen in der katholischen Kirche der damaligen Zeit beigetragen hatte; Tetzel-Haus in Pirna
S. 9

**Thomae**, Johann Benjamin
(* 1682 in Oberpesterwitz bei Dresden,
† 1751 in Dresden-Neustadt)
Hofbildhauer in Dresden, Gehilfe Balthasar Permosers
Werke u. a. in Weesenstein, Großsedlitz, Dresden und Schmiedeberg
S. 22

**Ulrich**, Peter, von Pirna
(wirkte E. 15./Anf. 16. Jh. in Pirna)
Baumeister, Wohnhaus in Pirna erhalten
Werke u.a. in Pirna und Most/Brüx
S. 14

**Walther**, Christoph I
(* in Breslau, † in Dresden)
Bildhauer, Mitglied einer bedeutenden schles.-sächs. Künstlerfamilie des 16./17. Jh.
Werke u.a. in Pirna (Epitaph in Marienkirche), Bischofswerda (vorm. aus Stolpen), Dresden (»Totentanz«)

**Walther**, Christoph II
(* 1534 in Breslau, † 1584 in Dresden)
Bildhauer, Mitglied einer bedeutenden schles.-sächs. Künstlerfamilie des 16./17.Jh.
Werke u.a. in Neustadt/Sa., Dresden, Meißen
S. 52

**Walther**, Hans (Johann), II
(* 1526 in Breslau, † 1600 in Dresden)
Bildhauer, und Architekt, Sohn des Christoph Walther I, dessen Dresdner Werkstatt er seit 1546 weiterführte
Werke u.a. in Bad Schandau, Pirna und Pillnitz
S. 15, 26

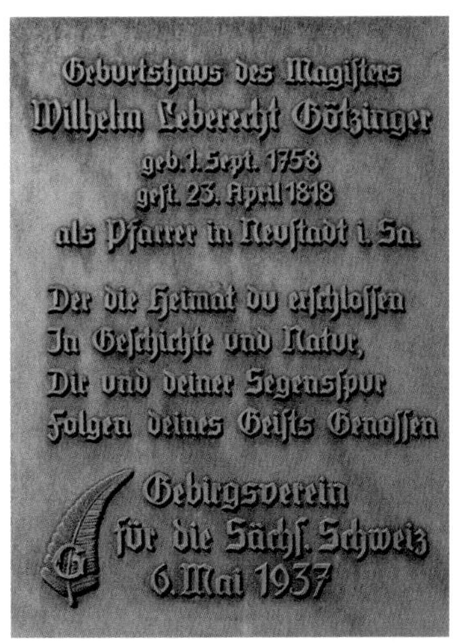


▲ *Tafel am Geburtshaus W. L. Götzingers in Struppen*

# Ortsregister

In folgendem Verzeichnis finden Sie die Orte, von denen mindestens eine Kirche im Textteil ausführlich beschrieben wurde.


| Ort | Konfession | Seite |
|---|---|---|
| Bad Gottleuba | ev.-luth. | 36 |
| Bad Schandau | ev.-luth. | 26 |
| Bad Schandau | röm.-kath. | 27 |
| Benešov nad Ploučnicí (Bensen) | röm.-kath. | 71 |
| Kurort Berggießhübel | röm.-kath. | 37 |
| Breitenau | ev.-luth. | 61 |
| Börnersdorf | ev.-luth. | 61 |
| Borna-Gersdorf | ev.-luth. | 62 |
| Bühlau | ev.-luth. | 58 |
| Burkhardswalde | ev.-luth. | 44 |
| Cotta | ev.-luth. | 62 |
| Cunnersdorf | ev.-luth. | 29 |
| Děčín-Podmokly (Tetschen-Bodenbach) | röm.-kath. | 72 |
| Dippoldiswalde | ev.-luth. | 67 |
| Dippoldiswalde | ev.-luth. | 67 |
| Döbra | ev.-luth. | 38 |
| Dohna | ev.-luth. | 42 |
| Dolní Poustevna (Nieder-Einsiedel) | röm.-kath. | 68 |
| Dorf Wehlen | ev.-luth. | 59 |
| Dürrröhrsdorf-Dittersbach | ev.-luth. | 49 |
| Ehrenberg | ev.-luth. | 59 |
| Eschdorf | ev.-luth. | 56 |
| Filipov (Philippsdorf) | röm.-kath. | 69 |
| Friedrichswalde | ev.-luth. | 62 |
| Heidenau | röm.-kath. | 45 |
| Helmsdorf | ev.-luth. | 57 |
| Hinterhermsdorf | ev.-luth. | 54 |
| Hohnstein | ev.-luth. | 51 |
| Königstein | ev.-luth. | 31 |
| Königstein, Festung | ev.-luth. | 32 |
| Königstein | röm.-kath. | 33 |
| Langenhennersdorf | ev.-luth. | 35 |
| Langenwolmsdorf | ev.-luth. | 58 |
| Lauenstein | ev.-luth. | 64 |
| Liebstadt | ev.-luth. | 20 |

| Ort | Konfession | Seite |
|---|---|---|
| Lichtenhain | ev.-luth. | 60 |
| Lohmen | ev.-luth. | 48 |
| Lobendava (Lobendau) | röm.-kath. | 73 |
| Maxen | ev.-luth. | 63 |
| Neustadt | ev.-luth. | 52 |
| Oelsen | ev.-luth. | 61 |
| Ottendorf | ev.-luth. | 39 |
| Papstdorf | ev.-luth. | 24 |
| Pirna | ev.-luth. | 14 |
| Pirna | röm.-kath. | 16, 41 |
| Pirna-Copitz | ev.-luth. | 46 |
| Pirna-Liebethal | ev.-luth. | 47 |
| Pirna-Sonnenstein | ev.-luth. | 63 |
| Pirna-Zuschendorf | ev.-luth. | 40 |
| Porschdorf | ev.-luth. | 60 |
| Porschendorf | ev.-luth. | 56 |
| Rathewalde | ev.-luth. | 59 |
| Reinhardtsdorf-Schöna | ev.-luth. | 28 |
| Reinhardtsgrimma | ev.-luth. | 65 |
| Röhrsdorf | ev.-luth. | 63 |
| Rosenthal | ev.-luth. | 30 |
| Rumburk (Rumburg) | röm.-kath. | 70 |
| Saupsdorf | ev.-luth. | 55 |
| Schönfeld-Weißig | ev.-luth. | 66 |
| Sebnitz | ev.-luth. | 18 |
| Sebnitz | röm.-kath. | 53 |
| Stadt Wehlen | ev.-luth. | 56 |
| Stolpen | ev.-luth. | 57 |
| Stolpen-Altstadt | ev.-luth. | 58 |
| Struppen | ev.-luth. | 34 |
| Stürza | ev.-luth. | 59 |
| Ulbersdorf | ev.-luth. | 60 |
| Weesenstein | ev.-luth. | 22 |
| Weesenstein | röm.-kath. | 43 |
| Wilschdorf | ev.-luth. | 57 |

*Schrammsteine*

Für die Ermittlung der in dieser Publikation wiedergegebenen Fakten wurden neben persönlichen Recherchen, Zuarbeiten der Kirchen sowie Broschüren und Informationsblättern unterschiedlichen Umfangs zu einzelnen Objekten vor allem folgende Quellen genutzt:

*Blaschke, Karlheinz,*
**Geschichte Sachsens im Mittelalter,**
1. Auflage,
*Union Verlag, Dresden 1990*

*Dähnert, Ulrich,*
**Historische Orgeln in Sachsen.**
Ein Orgelinventar,
*Leipzig 1980*

*Dehio, Georg,*
**Handbuch der deutschen Kunstdenkmäler, Sachsen I, Regierungsbezirk Dresden,**
bearbeitet von
Barbara Bechter, Wiebke Fastenrath und anderen,
*Deutscher Kunstverlag, München 1996*

**Handbuch der historischen Stätten Deutschlands, Bd. 8, Sachsen,** Herausgegeben von Dr. Walter Schlesinger, Alfred *Kröner Verlag, unveränderter Neudruck der 1. Auflage 1965, Stuttgart 1990*

*Hoch, Karl-Ludwig,*
**Caspar David Friedrich in der Sächsischen Schweiz,**
*Verlag der Kunst, Dresden 1995*

**Knaurs Kulturführer in Farbe, Sachsen,**
Herausgeberin: Marianne Mehling; Autoren Dr. Klaus Mertens, Hartmut Wiehr,
*Droemersche Verlagsanstalt Th. Knaur Nachf., München 1991*

*Löffler, Fritz,*
**Die Stadtkirchen in Sachsen.**
Mit einer geschichtlichen Einführung von Karlheinz Blaschke und einem Beitrag zur romanischen und gotischen Architektur von Heinrich Magirius,
*Berlin 1973*

*Magirius, Heinrich/Mai, Hartmut,*
**Dorfkirchen in Sachsen,**
*Berlin 1985*
*(1. Auflage der Neubearbeitung)*

*Schmidt, Gerhard,*
**Die Kirchen in der Sächsischen Schweiz,**
Mit Beiträgen über die Orgeln von Wolfram Hackel,
*Evangelische Verlagsanstalt GmbH, Berlin 1990*

*Torke, Horst,*
**Landkreis Sächsische Schweiz,**
Die Städte und Gemeinden zwischen Valtenberg und Oelsener Höhe in einem historischen Streifzug,
*Edition Lerchl, Meissen 1996*

*Wir danken herzlich allen, die mit Ihrer Unterstützung zum Entstehen dieser Publikation beigetragen haben, insbesondere*

- der Arbeitsgruppe, welche die zweite Auflage der Broschüre beratend begleitete und in vielfältiger Hinsicht unterstützte (Herrn Klaus Brähmig, Herrn Norbert Büchner, Herrn Klaus Kaden, Herrn Dietmar Möschner, Herrn Albrecht Päßler, Herrn Tino Richter),
- Herrn Prof. Dr. phil. habil. Karlheinz Blaschke für seinen einleitenden kirchenhistorischen Fachbeitrag,
- den im Fotonachweis genannten Autoren bzw. Eigentümern der Bilder für die uneigennützige Bereitstellung von Bildmaterial,
- Herrn Eckhard Brähmig für seine Recherchen im Bereich des Landkreises Děčín,
- Herrn PhDr. Jaroslav Macek für seine Zuarbeiten und Korrekturen zu den Texten über tschechische Kirchen,
- den Pfarrern und Pfarrerinnen der Kirchen und den Leitern der Staatlichen Schlossbetriebe Festung Königstein und Schloss Weesenstein für Bild- und Datenzuarbeiten, Korrekturen sowie hilfreiche Hinweise.

## Impressum

**Herausgeber:** Tourismusverband Sächsische Schweiz e. V., Bad Schandau
© 1999; 2., ergänzte Auflage 2002
**Idee:** Klaus Brähmig, MdB
**Autor:** Dietmar Möschner (Ö Grafik)
Beitrag »1000 Jahre Kirchengeschichte in der Sächsischen Schweiz«:
Prof. Dr. phil. habil. Karlheinz Blaschke (auf Wunsch des Autors Beibehaltung der traditionellen Orthographie)
**Beratung 2. Auflage:** Klaus Brähmig, Tino Richter, Klaus Kaden, Norbert Büchner, Albrecht Päßler, Dietmar Möschner
**Konzept, Text, Gestaltung, Satz:** www.oe-grafik.de
**Druck:** Druckerei Thieme, Meißen

## Fotonachweis:

A. & R. Adam Verlag, Dresden (15, 18, 19, 22, 25, 26, 28, 29, 30, 35, 43, 44, 48, 49, 50, 51, 52, 54, 72, 75, 77, 4. US); Archiv Sandstein und Musik, Pirna (2. US, 14, 24, 25); Brähmig, Eckhard, Papstdorf (6, 7, 8, 9, 10, 11, 12, 20, 25, 26, 29, 30, 31, 33, 34, 36, 39, 40, 42, 47, 48, 56, 57, 58, 59, 60, 61, 62, 63, 64, 65, 66, 67, 68, 69, 70, 71, 72, 73, 74, 75, 76, 78, 79, 80, 81); Creutz, Konrad, Hinterhermsdorf (54); Dittrich, Sylvio, Dresden (Titelabbildung); Ernst, Luzia, Sebnitz (3); Ev.-Luth. Pfarramt Helmsdorf (57); Ev.-Luth. Pfarramt Liebstadt (20, 21, 38); Foto-Schreiber (†), Pirna (15, 73, 74); Fregin, Dittersbach (56, 57); Grond, Eberhard, Pirna (16, 17, 27, 37, 41, 45); Foto-Studio Unger, Pirna (2, 14, 16); Kath. Pfarramt Sebnitz (53); Lang, Michael (49); Neumann, Janette, Saupsdorf (55); Päßler, Albrecht, Sebnitz (18, 19); Rau, Dieter, Pirna (46); Richter, E., Dresden (58); Richter, Frank, Bad Schandau (4/5, 13, 31, 83, 86/87); Schloss Weesenstein (22, 43); Schneider, Ekkehard, Sebnitz (18, 19); Schulze, Anne, Reicherskreuz (37); Stadtkirche, St. Marien, Pirna (14); Stamm, Grit, Langenstriegis (14) Walther, Bernd, Heidenau (32); Weber, Klaus-Dieter, Pirna (23)

ISBN 3-9806841-0-5